La Era de los Descubrimientos

Una guía fascinante de una era de exploración europea, que incluye los viajes de Cristóbal Colón a las Américas y la ruta marítima de Vasco da Gama a la India

© Copyright 2021

Todos los derechos reservados. Ninguna parte de este libro puede ser reproducida de ninguna forma sin el permiso escrito del autor. Los revisores pueden citar breves pasajes en las reseñas.

Descargo de responsabilidad: Ninguna parte de esta publicación puede ser reproducida o transmitida de ninguna forma o por ningún medio, mecánico o electrónico, incluyendo fotocopias o grabaciones, o por ningún sistema de almacenamiento y recuperación de información, o transmitida por correo electrónico sin permiso escrito del editor.

Si bien se ha hecho todo lo posible por verificar la información proporcionada en esta publicación, ni el autor ni el editor asumen responsabilidad alguna por los errores, omisiones o interpretaciones contrarias al tema aquí tratado.

Este libro es solo para fines de entretenimiento. Las opiniones expresadas son únicamente las del autor y no deben tomarse como instrucciones u órdenes de expertos. El lector es responsable de sus propias acciones.

La adhesión a todas las leyes y regulaciones aplicables, incluyendo las leyes internacionales, federales, estatales y locales que rigen la concesión de licencias profesionales, las prácticas comerciales, la publicidad y todos los demás aspectos de la realización de negocios en los EE. UU., Canadá, Reino Unido o cualquier otra jurisdicción es responsabilidad exclusiva del comprador o del lector.

Ni el autor ni el editor asumen responsabilidad alguna en nombre del comprador o lector de estos materiales. Cualquier desaire percibido de cualquier individuo u organización es puramente involuntario.

Índice

INTRODUCCIÓN 1
CAPÍTULO 1 - EL PRÍNCIPE ENRIQUE EL NAVEGANTE 3
CAPÍTULO 2 - BARTOLOMÉ DÍAZ...7
CAPÍTULO 3 - VASCO DA GAMA 11
CAPÍTULO 4 - ALBUQUERQUE 15
CAPÍTULO 5 - CRISTÓBAL COLÓN 20
CAPÍTULO 6 - LOS ÚLTIMOS VIAJES DE CRISTÓBAL COLÓN..............25
CAPÍTULO 7 - AMÉRICO VESPUCIO 31
CAPÍTULO 8 - PONCE DE LEÓN 35
CAPÍTULO 9 - DIOGO LOPES DE SEQUEIRA 39
CAPÍTULO 10 - HERNÁN CORTÉS 43
CAPÍTULO 11 - FERNANDO DE MAGALLANES 49
CAPÍTULO 12 - JUAN CABOTO..55
CAPÍTULO 13 - LAS LEYES DE BURGOS...59
CAPÍTULO 14 - JACQUES CARTIER 62
CAPÍTULO 15 - FRANCISCO VÁZQUEZ DE CORONADO 68
CAPÍTULO 16 - FRANCIS DRAKE...73
CAPÍTULO 17 - WALTER RALEIGH Y LAS DOS COLONIAS
FRACASADAS..77

CAPÍTULO 18 - LA COMPAÑÍA COMERCIAL DE LAS INDIAS ORIENTALES 81

CAPÍTULO 19 - LA COLONIA DE JAMESTOWN 85

CAPÍTULO 20 - LOS PEREGRINOS DEL MAYFLOWER 90

CAPÍTULO 21 - LA COMPAÑÍA HOLANDESA DE LAS INDIAS ORIENTALES 95

CAPÍTULO 22 - NAVEGACIÓN Y CARTOGRAFÍA 98

CAPÍTULO 23 - ALIMENTACIÓN, AGRICULTURA Y GANADERÍA 101

CAPÍTULO 24 - ENFERMEDAD, ESCLAVITUD Y RELIGIÓN 106

EPÍLOGO 110

VEA MÁS LIBROS ESCRITOS POR CAPTIVATING HISTORY 113

Introducción

La Era de los Descubrimientos comenzó a principios del siglo XV y se prolongó durante la mayor parte del siglo XVII. A veces también se la conoce como la Era de la Exploración. Fue una época en la que los europeos empezaron a viajar, descubrir y explorar el mundo más que nunca, cartografiando y nombrando los lugares que encontraban. Se adentraron valientemente en los mares para conocer el mundo, a menudo sin estar seguros de si encontrarían algo, y mucho menos de si volverían a casa.

Las exploraciones realizadas durante esta época influirían en la configuración del mundo en el futuro de muchas maneras. La colonización, el comercio y la educación cambiaron debido a la expansión del mundo conocido, así como las relaciones internacionales. La Era de los Descubrimientos fue una época apasionante para todos los europeos, desde los navegantes y cartógrafos hasta los monarcas y comerciantes. Ansiosos por forjar nuevas rutas comerciales entre sus propios reinos y las tierras exóticas, reyes y reinas invirtieron en la exploración marítima, con la esperanza de encontrar bienes valiosos que pudieran impulsar las economías locales en declive.

La economía europea pasó de la riqueza basada en la tierra a un mercado basado en gran medida en las hordas de oro y plata. Incluso los más pobres acabaron beneficiándose del comercio con la India, China, el sur de Asia y el Nuevo Mundo, donde se exportaban cultivos de gran eficacia como la patata y el maíz. Mientras que los cultivos tradicionales de cereales rendían unas diez fanegas de grano por hectárea, el maíz proporcionaba más de veinte fanegas, con lo que la agricultura cambió para siempre, impulsando a las poblaciones locales en unas pocas generaciones[1].

Grandes navegantes y exploradores como Cristóbal Colón, el príncipe Enrique el Navegante, Walter Raleigh y muchos, muchos más, prosperaron durante este periodo de la historia, no solo haciéndose un nombre, sino también llevando tesoros incalculables a sus monarcas y familias. Fue una época inevitable y culminante que no dejaría a ninguna familia, a ningún país ni a ninguna masa de tierra igual.

---

[1] Nelson, Lynn H. "The Impact of Discovery on Europe". Departamento de Historia, Universidad de Kansas. 26 febrero 1998.

Capítulo 1 - El príncipe Enrique el Navegante

Los portugueses fueron los primeros europeos en emprender viajes de varios años, y el príncipe Enrique está considerado como una figura fundamental en la Era de los Descubrimientos. El príncipe Enrique (Infante Dom Henrique de Portugal, duque de Viseu) nació el 4 de marzo de 1394, y llegaría a ser conocido como el Príncipe Enrique el Navegante[2].

Los portugueses no eran los únicos que surcaban los mares en aquella época. Los españoles y los italianos también estaban en el Mediterráneo desde hacía mucho tiempo, pero los portugueses fueron claramente los primeros en aventurarse en viajes que dejarían atrás la seguridad de la tierra visible o las rutas más transitadas. Bajo el mandato del príncipe Enrique, se animó a los que se hacían a la mar a ir más lejos y a descubrir qué había en el mundo no cartografiado, especialmente si el resultado de la exploración era encontrar una nueva ruta para llegar al comercio de África Occidental.

---

[2] Russell, P.E. *Prince Henry 'the Navigator': A Life.* 2001.

El príncipe Enrique animó a su padre, el rey Juan I, a capturar Ceuta, un puerto en Marruecos, ya que estaba afectando negativamente a los portugueses. Allí se asentaban piratas que asaltaban continuamente las costas portuguesas cercanas y se llevaban a los portugueses como esclavos para venderlos con fines lucrativos. Tras el éxito de la toma de Ceuta, el príncipe Enrique, envalentonado, se dedicó a explorar la costa africana. Le interesaba descubrir dónde estaba el comercio de oro de África Occidental.

Las aventuras marítimas de Portugal requerían algunos cambios en la forma en que accedían al agua. Los barcos que utilizaban eran muy pesados, lo que los hacía también muy lentos. En general, estos barcos eran también bastante frágiles y difíciles de maniobrar. Tenían una sola vela cuadrada y pesaban hasta doscientas toneladas, lo que, cabe imaginar, no soportaba el viento como es debido. Enrique quería nuevas embarcaciones más ligeras y capaces de surcar los mares con mayor rapidez.

En este punto, se desarrolló la carabela portuguesa. Esta nueva embarcación se basaba en gran medida en los barcos de pesca que ya se utilizaban en Portugal. Era mucho más adecuada para los deseados viajes por el mar del sur. Estos nuevos barcos eran más fáciles de navegar, más ligeros y tenían hasta tres mástiles con velas triangulares en lugar de las antiguas cuadradas. Con la velocidad, la mejor maniobrabilidad y la capacidad de navegar en aguas costeras menos profundas, el príncipe Enrique y los portugueses comenzaron sus exploraciones. Uno de los primeros logros de sus viajes fue el comercio de especias entre España y Portugal.

Fue en la época del príncipe Enrique cuando los navegantes de Portugal conocieron los vientos alisios del Atlántico Norte. Con el conocimiento de cómo los patrones de viento afectaban a los viajes en las diferentes rutas y cómo utilizar estos patrones en su beneficio, los navegantes de la Era de los Descubrimientos hicieron avanzar el mundo de la navegación oceánica en gran medida. Navegar desde Europa hacia el Atlántico Norte o hacia el sur, hacia África

Occidental, se hizo de una manera más predecible de lo que era posible antes de entender los patrones de viento recurrentes. Este avance fue algo que todos los futuros viajeros oceánicos utilizarían en adelante.

En 1418, dos exploradores por encargo del rey Juan I se desviaron de su ruta en una tormenta cuando regresaban de una misión de exploración a lo largo de la costa africana[3]. Se refugiaron en una isla cercana a Madeira, a la que llamaron Porto Santo. Después de informar al rey Juan, el príncipe Enrique insistió en reclamarla y colonizarla, probablemente para reclamarla antes que el Reino de Castilla, que había reclamado recientemente las islas Canarias.

El deseo del príncipe Enrique de explorar el mundo, de cartografiar más allá de las tierras conocidas en esa época y de conocer mejor las costas de África le impulsó continuamente a él y a los navegantes portugueses a encontrar una ruta hacia China por el agua, así como a acceder directamente a los socios comerciales y a encontrar oro y objetos de valor que no solo harían más rico a Portugal, sino que seguirían financiando más exploraciones.

En 1434, los portugueses navegaron más allá del cabo Bojador, en la costa norte del Sahara Occidental, con Gil Eanes al mando de una de las expediciones de Enrique. Hasta ese momento, el cabo Bojador se consideraba básicamente el fin de la tierra, y se contaba que más allá de él solo había monstruos marinos. En una época de superstición y de falta de conocimientos para disipar los mitos, el miedo a los monstruos marinos y al fin de la tierra era una razón válida para evitar navegar por allí.

Las exploraciones del príncipe Enrique y sus descubridores portugueses encontraron la bahía de Arguin en 1443, y en 1448 ya habían construido un fuerte allí[4]. Cruzaron el río Senegal y rodearon la península de Cap-Vert (Cabo Verde), descubrieron las Azores y

---

[3] Diffie, B., *Foundations of the Portuguese Empire*. 1977.
[4] Major, R., *The Life of Prince Henry of Portugal, Surnamed the Navigator; and its Results*. 1868.

ayudaron a Portugal a enriquecerse con la afluencia de oro y esclavos. Enrique cumplió uno de sus mayores objetivos, que era encontrar una ruta que evitara las rutas comerciales musulmanas. Aunque el príncipe Enrique murió en noviembre de 1460, sus exploraciones patrocinadas sentaron las bases para los futuros descubrimientos portugueses, que finalmente encontraron una ruta hacia la India a través del cabo de Buena Esperanza, descubierto en el sur de África por Bartolomé Díaz en 1488.

Capítulo 2 - Bartolomé Díaz

El siguiente gran explorador de la era de los descubrimientos portugueses fue Bartolomé Díaz (también conocido como Bartolomeu Dias). Nació en 1450 y se basó en las exploraciones marítimas del príncipe Enrique el Navegante. Bajo el reinado de Juan II, Díaz llevaría a Portugal aún más lejos en el nuevo mundo. Se suele considerar a Díaz como uno de los mayores exploradores portugueses del siglo XV[5].

La historia tiene poca información sobre Bartolomé Díaz antes de su entrada en el mundo de la navegación. Se cree que trabajó en los almacenes reales del rey, y se especula que descendía de alguna manera del príncipe Enrique el Navegante[6]. Solo se tiene constancia de que Díaz participara en una expedición marítima antes de ser puesto al frente de la tripulación del rey Juan II que buscaba una ruta marítima hacia la India en 1486. Los portugueses habían tenido conocimiento del príncipe Ogane, al que posiblemente confundieron con el Preste Juan cristiano, pero esperaban que fuera un aliado contra los musulmanes. Juan II envió a Pêro da Covilhã y a Afonso de Paiva a buscarlo a la India o a Abisinia. Su viaje fue por tierra, mientras que a Díaz se le encomendó la tarea de encontrar una ruta

---
[5] Britannica.
[6] Britannica.

similar pero por el agua. Una vez allí, se reuniría con Covilhã y Paiva. La búsqueda de una forma de navegar por el extremo sur de África a través del agua seguía siendo el mayor objetivo de los portugueses.

En agosto de 1487, Díaz partió de Lisboa en dirección a la costa de Sudáfrica[7]. Tres barcos formaban la flota de Díaz para la expedición. Él iba a bordo del *São Cristóvão*, João Infante dirigía el *São Pantaleão*, y el hermano de Díaz, Pêro, iba en el tercer barco, que era un barco de abastecimiento que llevaba las provisiones necesarias para el viaje.

Díaz llevó consigo a seis africanos y recorrió la ruta de Diogo Cão hasta cabo Cross, en Namibia. Al navegar por la costa africana, Díaz dejó a los africanos y estos se aventuraron hacia el interior con oro y plata para mostrar la buena voluntad de los portugueses a las tribus indígenas que encontraran allí. En el lugar donde dejaron a los dos últimos africanos, posiblemente en lo que hoy es Angola, Bartolomé Díaz decidió dejar a su hermano y el barco de provisiones y colocó allí a nueve de sus hombres para que lo custodiaran mientras continuaban con la expedición.

A medida que los barcos portugueses navegaban a lo largo de la costa, dejaban marcas, en su mayoría hechas de piedra caliza. Los llamaban *"padrões"* y cumplían dos funciones. En primer lugar, podían servir de guía para otros barcos portugueses que vinieran detrás. En segundo lugar, los marcadores mostraban que los portugueses reclamaban esta ruta como propia, así como la costa correspondiente.

En enero de 1488, después de que unas fuertes tormentas les desviaran de su rumbo, Díaz realizó algunos movimientos arriesgados para hacer frente a los vientos del sureste y evitar acabar en la costa rocosa[8]. De forma fortuita, divisó tierra, y los hombres descubrieron que la bahía a la que habían llegado tenía las cálidas aguas del océano Índico. Desgraciadamente, los indígenas de aquel lugar no se

---
[7] Macleod, A. *Explorers: Tales of Endurance and Exploration.* DK Smithsonian. 2012.
[8] Swanson, J., *Bartolomeu Dias: First European Sailor to Reach the Indian Ocean.* 2017.

mostraron acogedores y lanzaron piedras a los intrusos, y los hombres de Díaz consideraron los riesgos de continuar, incluidas las escasas reservas de alimentos que les quedaban. Sabiamente, Díaz permitió que un consejo de marineros tomara la decisión, y acordaron dejarle viajar tres días más antes de dar la vuelta. Continuaron esos tres días, y el 12 de marzo de 1488, colocaron un marcador de piedra caliza que ahora mostraría la zona explorada más al este de Portugal[9]. Además, en su viaje de regreso, marcarían el punto más meridional por el que habían viajado los portugueses, que era el cabo de las Agujas y el cabo de las Tormentas, llamado así por Díaz por su terrible clima y sus fuertes corrientes que habían dificultado y hecho arriesgado su viaje.

Cuando Díaz y su tripulación regresaron al barco de suministros que habían dejado atrás, se encontraron con la sorpresa de que los hombres que custodiaban el barco habían sido atacados repetidamente por los indígenas que vivían allí. Solo quedaban tres de los nueve hombres con vida, y uno de ellos moriría de camino a casa.

En total, este viaje le llevó a Bartolomé Díaz un total de 16.000 millas y al menos un año y tres meses para completarlo, aunque se especula que le llevó más tiempo. Fueron recibidos por una multitud que celebraba su regreso, y Díaz se reunió con el rey Juan II para informarle de su expedición. Sin embargo, parece que el rey no estaba del todo satisfecho con Díaz. Díaz no se reunió con Covilhã y Paiva, como era su misión original; de hecho, mientras Covilhã informaba de las noticias de sus viajes a la India y a través de África, y de lo que había averiguado sobre el comercio de especias y de lo que creía que podía ayudar en la ruta por mar, Paiva había muerto antes de reunirse de nuevo con Covilhã, por lo que su misión fue algo infructuosa. El rey rebautizó el cabo de las Tormentas de Díaz como cabo de Buena Esperanza, y no volvió a enviarlo al frente de una expedición.

---

[9] Stein, S., *The Sea in World History; Exploration, Travel and Trade*. 2017.

Díaz se estableció durante algún tiempo en África Occidental, en Guinea, ya que los portugueses habían establecido allí un asentamiento para el comercio de oro. Más tarde, cuando el rey Juan II fue sucedido por el rey Manuel I, Bartolomé Díaz volvió a ser llamado para servir al rey portugués en el negocio de la exploración marítima. Se le encargó la supervisión de la construcción de los barcos que se utilizarían en la expedición de Vasco da Gama en 1497[10]. Díaz navegó con da Gama parte del camino, y más tarde también lo haría con Pedro Álvares Cabral, que llegaría hasta Brasil en 1500[11].

Díaz murió a finales de mayo de 1500 cuando el barco en el que viajaba se perdió en una tormenta, irónicamente cerca de lo que el propio Díaz había llamado el cabo de las Tormentas en 1488[12].

---

[10] Paine, L., *Ships of Discovery and Exploration*. 2000.
[11] Sadlier, D., *Brazil Imagined: 1500 to the Present*. 2010.
[12] Friedman, J. y Figg, K., *Trade, Travel, and Exploration in the Middle Ages*. 2013.

Capítulo 3 - Vasco da Gama

Vasco da Gama fue el siguiente explorador portugués que se hizo a la mar en busca de nuevos descubrimientos y avances en el mundo no cartografiado. Da Gama nació en algún momento entre 1460 y 1469 de un noble menor que estaba al mando de la fortaleza de Sines, que estaba en el suroeste de Portugal[13].

En 1492, el rey Juan II envió a da Gama a enfrentarse a los franceses en la ciudad portuguesa de Setúbal y la región del Algarve[14]. Allí se apoderó de los barcos franceses como represalia por los ataques franceses que se habían producido en tiempos de paz con Portugal. Da Gama completó esta misión en buen orden, y el rey quedó satisfecho.

Da Gama no era la persona más experimentada o con más conocimientos para poner al frente de un compromiso militar tan importante, pero la familia da Gama parecía tener el favor de la corte y por ello recibió muchos cargos.

---

[13] Ames, G., *Vasco Da Gama: Renaissance Crusader*. 2005.
[14] Ibíd.

Da Gama no solo fue el primer portugués, sino también el primer europeo que llegó a la India por mar. Una vez encontrada esta ruta marítima a la India, los océanos Atlántico e Índico quedaron finalmente unidos como ruta de viaje para el comercio. Al igual que en las exploraciones anteriores, esta expedición también pretendía interrumpir el monopolio comercial que los musulmanes mantenían con Oriente.

El histórico viaje de Vasco da Gama zarpó de Lisboa el 8 de julio de 1497[15]. Tenía en su flota cuatro barcos. Eran el *São Gabriel*, que él comandaría; el *São Rafael*, que sería comandado por su hermano Paulo da Gama; el *São Miguel* (también llamado *Berrio*), que era comandado por Nicolau Coelho; y un barco de abastecimiento comandado por Gonçalo Nunes. El *São Gabriel* y el *São Rafael* eran barcos de tamaño medio con tres mástiles. El *Berrio* era una carabela y el barco de aprovisionamiento era una embarcación grande y pesada que pesaba doscientas toneladas.

La expedición llegó a las islas de cabo Verde el 26 de julio, y da Gama decidió mantenerlas allí hasta agosto antes de aventurarse más lejos[16]. Tomó una ruta más larga hacia el sur, con la esperanza de evitar las corrientes desfavorables del golfo de Guinea antes de afrontar el reto del cabo de Buena Esperanza. Más corrientes y vientos fuertes retrasaron el avance, y la flota no rodeó el cabo de Buena Esperanza hasta el 22 de noviembre[17].

Da Gama y su flota llegaron a la costa de Natal, en Sudáfrica, el día de Navidad de 1497, tras un largo viaje de paradas y arranques, y el 11 de enero de 1498 habían llegado al Río do Cobre, cerca del actual Mozambique, donde anclaron durante cinco días[18]. El 25 de enero, la flota necesitaba parar. Habían llegado al río de los Buenos Presagios, en Mozambique, y con la tripulación sufriendo terriblemente de

---

[15] Ibíd.
[16] La exploración del mundo desde la antigüedad, Encyclopedia Britannica, Inc.
[17] Ibíd.
[18] Ibíd.

escorbuto y los barcos necesitando reparaciones, permanecieron en el lugar durante un mes.

Cuando da Gama y sus barcos llegaron finalmente a la isla de Mozambique a principios de marzo, la gente de allí los tomó por musulmanes. Estas personas eran musulmanas y compartieron su información con da Gama con bastante libertad. Le explicaron sus prácticas comerciales y le hablaron de los mercaderes árabes con sus barcos llenos de tesoros. También le hablaron del Preste Juan cristiano que los portugueses buscaban desde hacía tiempo. El sultán de Mozambique confió a Da Gama dos pilotos que le ayudarían a seguir navegando.

El 7 de abril, la flota llegó a Mombasa y tomó otro piloto que los guiaría hasta Calicut, en la costa de la India. Tardaron 23 días en cruzar el océano Índico y en divisar la India. Da Gama colocó un *padrão* (pilar) de piedra para asegurarse de que había conseguido llegar a la ansiada costa india[19].

Sin embargo, Da Gama no recibió la amable acogida que tuvo en Mozambique. Había supuesto que sería recibido por cristianos. Pero aquí, la gente era hindú. El Zamorín, el gobernante de Calicut, no se dejó impresionar por las mercancías que los portugueses traían para el comercio. Si bien eran suficientes para el comercio en África Occidental, se pensaba que eran baratas e inadecuadas para este nuevo mercado. El Zamorín consideraban a da Gama grosero, y los mercaderes musulmanes se mostraban hostiles hacia los portugueses recién llegados, que pretendían dedicarse al comercio allí.

Da Gama intentó sin éxito establecer un tratado comercial tras llegar finalmente a la India. En agosto, él y su flota zarparon para volver a casa. Al no tener experiencia en la navegación desde esta parte del continente, da Gama, desafortunadamente, partió durante la temporada de monzones. Tardó tres meses en cruzar el mar de Arabia y perdió a gran parte de su tripulación por el escorbuto. En

---

[19] Padrao". *Encyclopedia Britannica*. Web.

Malindi, a 120 kilómetros al norte de Mombasa, da Gama hizo quemar el *São Rafael* porque ya no tenía tripulación para tripular todos los barcos. Los barcos restantes regresaron finalmente a Mozambique el 1 de febrero de 1499 y al cabo de Buena Esperanza el 20 de marzo.

Da Gama estaba listo para regresar a Portugal, pero sus barcos le precedieron, ya que se quedó en la isla de Santiago con su hermano Paulo, moribundo, que había comandado el *São Rafael*. Paulo no sobreviviría a la finalización de la expedición, muriendo en junio o julio de 1499.

Vasco da Gama logró lo que las expediciones de descubrimiento portuguesas habían intentado hacer desde el principio. Había encontrado con éxito la ruta a la India que los portugueses podían ahora utilizar para el comercio. Desgraciadamente, no pudo negociar un tratado comercial con Calicut, y perdió más de la mitad de los hombres que llevaba en el viaje y regresó con solo dos de los cuatro barcos con los que partió.

La nueva ruta de da Gama a la India sería posteriormente recorrida anualmente por los portugueses para comerciar. Otra consecuencia de la expedición de da Gama fue que los portugueses comprendieron el valor que tendría para ellos la costa oriental de África, lo que llevó a la colonización de Mozambique.

Capítulo 4 - Albuquerque

Afonso de Albuquerque fue otro de los grandes exploradores portugueses de la Era de los Descubrimientos. Nació en 1453 cerca de Lisboa, Portugal[20]. Por parte de su padre, tanto su abuelo como su bisabuelo habían sido secretarios del rey (el rey Juan I y el rey Eduardo, también conocido como Duarte). Por parte de su madre, el abuelo de Albuquerque era un almirante portugués.

Albuquerque recibió su educación en la corte del rey, donde aprendió latín y aritmética y donde también se hizo amigo del príncipe Juan, el futuro rey Juan II. Con su familia en tan alta posición, Albuquerque pasó fácilmente al servicio militar. Sirvió al rey en las cruzadas del norte de África, donde los portugueses se esforzaban constantemente por ganar el control de los musulmanes.

Albuquerque era un soldado impresionante y recibió el cargo de "Maestro de Caballería" cuando su amigo el príncipe Juan se convirtió en el rey Juan II de Portugal en 1481[21]. Sirvió a su amigo en ese cargo hasta la muerte de Juan en 1495.

---

[20] Podell, J. y Anzovin, S. *Old Worlds to New: The Age of Exploration and Discovery.* 1993.
[21] Stephens, H., *Albuquerque.* 2000.

En 1499, después de que Vasco da Gama regresara a Portugal tras pasar por el cabo de Buena Esperanza con destino a Asia, el sucesor del rey Juan II, el rey Manuel I, no perdió tiempo en enviar otra expedición[22]. Esta tenía a Pedro Álvares Cabral al frente de una misión para abrir el comercio con la India, a pesar de que allí había un monopolio de comerciantes musulmanes y el príncipe de Calicut ya había rechazado comerciar con Portugal. A pesar de que Cochín (Kochi) estaba bajo el mando del Zamorín, no rechazó la misión de Cabral allí.

Albuquerque llegó a Cochín en 1503[23]. Fue enviado por el rey Manuel para proteger al líder de Cochín, que apoyaba a los portugueses. Para ello, Albuquerque y sus hombres se dedicaron a construir una guarnición en Cochín y un puesto comercial en Kollam (Quilon). Una vez establecidos, y con Cochín y sus intereses portugueses protegidos, Afonso de Albuquerque regresó a Lisboa en julio de 1504[24]. El rey Manuel estaba satisfecho con sus logros y pidió a Albuquerque que participara en la labor de hacer política. Se le puso entonces al frente de una flota de cinco naves, que formaría un grupo mayor de dieciséis bajo el mando de Tristão da Cunha.

Esta gran flota partió hacia la India en 1506. El objetivo del rey Manuel I para esta misión era construir una fortaleza en Socotra, que cerraría la ruta comercial en el mar Rojo a cualquiera que no fuera portugués. En agosto de 1507, esta misión se había cumplido, y Tristão da Cunha se separaría de Albuquerque. Albuquerque había recibido su propia misión del rey, que entraría en vigor una vez que hubiera navegado hasta Mozambique.

Albuquerque debía asumir el cargo de Francisco de Almeida como virrey de la India. Entre el golfo Pérsico y el golfo de Omán, Albuquerque se hizo con el control de la isla de Hormuz (Ormuz) e intentó construir allí una fortaleza. Cuando los capitanes de

---

[22] Velho, A., y de Sa, J., *A Journal of the First Voyage of Vasco Da Gama, 1497-1499*. 1898.
[23] Mathew, K.S., *Shipbuilding, Navigation and the Portuguese in Pre-modern India*. 2017.
[24]

Albuquerque no estuvieron de acuerdo con él y lo abandonaron para navegar hacia la India, sus esfuerzos por construir la fortaleza tuvieron que detenerse. Albuquerque se quedó con solo dos naves, pero siguió incursionando en lugares de la costa persa y de la costa árabe para Portugal.

En diciembre de 1508, Albuquerque y los barcos que le quedaban llegaron finalmente a la India[25]. Almeida se negó a ceder su puesto de gobierno a Albuquerque, a pesar de las instrucciones del rey. Almeida había aplastado con éxito a la armada de Calicut en 1509, pero luego había sido atacado por Egipto, y en la lucha, el hijo de Almeida había muerto[26]. Almeida se empeñó tanto en que se le permitiera vengarse de los egipcios que encarceló a Albuquerque para evitar que tomara el control. Almeida mantuvo a Albuquerque encerrado hasta que llegó otra flota portuguesa, tras lo cual renunció a su cargo y entregó el control a su sucesor.

Afonso de Albuquerque continuó sus esfuerzos por mantener el control portugués de las rutas comerciales y también por construir fortalezas y mantenerlas asentadas. En enero de 1510, intentó tomar Cochín, pero fracasó[27]. Después de eso, cambió su estrategia y se dirigió a Goa con 23 barcos. Goa llevaba mucho tiempo en manos de los musulmanes, y Albuquerque decidió que atacarla ayudaría a reforzar la presencia portuguesa en la zona. Así, en marzo de 1510, Albuquerque se hizo con el control de Goa, aunque solo duró hasta mayo, ya que se vio obligado a abandonarla[28]. En noviembre, volvió a atacar y logró derribar las defensas musulmanas; entre seis mil y nueve mil murieron en la batalla o ahogados al intentar escapar.

Desde Goa, los portugueses pudieron establecer un poderoso control sobre la ruta comercial de las especias, así como establecer una base para sus flotas navales. Los gobernantes hindúes no desafiaron a los portugueses, y Albuquerque se aseguró del gobierno

---

[25] Stephens, H.M., *Rulers of India: Albuquerque*. 2019.
[26] Miller, Frederic P. et al. *Battle of Diu*. 2010.
[27] Ibíd.
[28] Ibíd.

de Goa antes de partir para tomar el control de Melaka (Malaca), lo que hizo en julio de 1511[29]. Sin embargo, regresó a Goa en enero de 1512, ya que estaba siendo atacada. Recuperó el control total y volvió a abandonarla para asegurar el control portugués en otros lugares. Albuquerque no pudo tomar Adén en ese momento, por lo que siguió investigando la costa abisinia y la costa árabe. Cuando llegó a la India, finalmente tomó Calicut, que había sido un enemigo de la expansión portuguesa durante mucho tiempo.

Albuquerque consiguió por fin el control de parte de la isla de Ormuz, algo que no había podido hacer anteriormente. Tras el fallido intento de 1507, se supo que el rey estaba bajo el control de su visir, Reis Hamed, y que vivía con miedo a él. En su reunión de 1515 con el rey, Albuquerque pidió que el visir también estuviera presente. Con valentía, hizo que lo mataran, lo que dio la libertad al rey. Desde entonces, los portugueses no volvieron a encontrar resistencia en Ormuz.

En septiembre de 1515, Albuquerque cayó enfermo[30]. En noviembre, zarpó de vuelta a Goa, donde había tenido mucho éxito. Gracias a Albuquerque, Goa tuvo la primera ceca portuguesa en Oriente. El Hospital Real de Goa también fue fundado por Albuquerque. En una ocasión, amonestó a los médicos cuando descubrió que cobraban demasiado a los enfermos, y les encargó el trabajo físico de construir las murallas de la ciudad para que comprendieran cómo los trabajadores a los que trataban llegaban a sus problemas de salud.

Estando enfermo, Albuquerque se enteró de que iba a ser sustituido por un hombre al que detestaba. Mientras se ocupaba de asegurar la posición de Portugal, había quien hablaba en su contra ante el rey, entre ellos Lopo Soares de Albergaria, el hombre al que se le asignó su sustitución. Una flota portuguesa se acercó a Albuquerque en su viaje de vuelta a Goa, y la noticia llegó a

---
[29] Ibíd.
[30] Britannica.com.

Albuquerque, que se desilusionó, pero aun así se las arregló para escribir una respetuosa carta final al rey Manuel, así como para redactar su última voluntad y organizar un consejo para gestionar el estado portugués de la India.

El barco de Albuquerque estaba a la vista de Goa cuando murió el 16 de diciembre de 1515[31]. La ciudad le lloró profundamente, y fue enterrado en la iglesia de Nuestra Señora de la Colina, que había construido en 1513.

Algunos historiadores creen que si Albuquerque hubiera vivido más tiempo, habría podido incorporar la ciudad de Adén al Imperio portugués. Sin embargo, su sucesor se equivocó al rechazar la oferta del gobernador de ocupar y fortificar la ciudad en su afán por seguir adelante y enfrentarse a la flota egipcia, vieja enemiga de Portugal. Al regresar a Adén una vez concluida la acción militar, Lopo Soares se encontró con que esta se había reforzado y que el gobernador no estaba de humor para ceder la autoridad a una potencia exterior. La ciudad quedó así perdida para Portugal.

---

[31] Ibíd.

Capítulo 5 - Cristóbal Colón

Se sabe sorprendentemente poco sobre la infancia y los antecedentes del hombre que se haría mundialmente famoso por su viaje desde España al Nuevo Mundo, aunque fuera en busca de la India. Los académicos no se ponen de acuerdo sobre su lugar de nacimiento, aunque la mayoría cree que fue en Génova, Italia, en algún momento de 1451[32]. Hijo de un comerciante de lana genovés, Colón partió con su hermano Bartolomé para convertirse en marinero con base en Portugal. Los dos encontraron alojamiento en Lisboa, así como mucho trabajo en la ajetreada ciudad portuaria.

Los hermanos encontraron empleo como cartógrafos, pero Cristóbal deseaba pasar su tiempo en el mar. Para ello, se convirtió en empresario de la marina mercante portuguesa. Navegando a bordo de barcos comerciales en 1477 y 1478, Colón visitó Irlanda e Islandia, y representó a una compañía genovesa que lo necesitaba para comprar azúcar portuguesa de Madeira[33]. Al año siguiente se casó con Filipa Moniz Perestrelo, y en 1479 o 1480 nació su hijo Diego[34].

---

[32] "Cristóbal Colón". *Encyclopedia Britannica*. Web.
[33] Ibíd.
[34] Ibíd.

La mayor parte de los años siguientes los pasó en el mar al servicio de la marina mercante portuguesa, que envió a Colón al sur, a lo largo de la costa occidental de África. Durante estos años, Colón aprendió las sutilezas de la navegación en alta mar, incluyendo los patrones de movimiento en el aire. Filipa murió en 1485, tras lo cual Colón tomó una amante llamada Beatriz Enríquez de Arana, de Córdoba[35]. Beatriz le dio un segundo hijo en 1488, al que llamaron Fernando[36].

Fue en algún momento después del fallecimiento de su primera esposa cuando Colón empezó a rumiar la posibilidad de cruzar todo el océano Atlántico. Entendiendo que el mundo era un globo terráqueo, teorizó que era posible viajar hacia el oeste y eventualmente llegar a la lejana costa oriental de China e India. Él y otros sabían que era en estos países orientales donde se fabricaban los artículos más valiosos. Si Colón encontraba una ruta más rápida hacia Oriente, podría establecer una ruta comercial firme que le beneficiara directamente a él y a sus mecenas.

Lamentablemente, el rey Juan II de Portugal no estaba lo suficientemente intrigado como para ofrecer su patrocinio al viaje propuesto. Tras la negativa de Juan, Colón se dirigió a España para ofrecer su lealtad a los reyes Fernando II e Isabel I. Firmemente dedicado a su viaje, Colón no se rindió tras los dos primeros rechazos que recibió de los monarcas españoles. De hecho, siguió presentando su propuesta durante seis años antes de que Fernando e Isabel cedieran y le ofrecieran finalmente su patrocinio en enero de 1492.

El permiso para que Colón emprendiera su travesía del Atlántico se debió probablemente al cambiante ambiente político de la época. El rey y la reina de España eran la pareja de poder católico de Europa, y estaban haciendo la guerra a las comunidades islámicas y judías de España. El último bastión de los moros islámicos cayó en la guerra de Granada el 2 de enero de 1492, y con ello, la confianza de España en su capacidad para borrar el no catolicismo del mundo

---

[35] "Cristóbal Colón". *Encyclopedia Britannica*. Web.
[36] Ibíd.

aumentó drásticamente[37]. Sin embargo, el Imperio otomano se interponía en el camino. Si Colón lograba entrar en el mundo oriental a través de una ruta occidental, Fernando e Isabel podrían sortear a los otomanos, reponiendo el comercio y la influencia política de Oriente.

Equipado con tres barcos —la *Niña*, la *Pinta* y la *Santa María*—, Colón zarpó del puerto español de Palos el 3 de agosto de 1492[38]. Poco más de dos meses después de partir hacia el oeste, Pero Gutiérrez divisó un vago punto de luz que aparecía esporádicamente en la distancia y se lo comunicó a Colón. Este gritó a su tripulación que vigilaran atentamente en esa dirección, y se preocupó tanto por la posibilidad de que se perdieran una masa de tierra que prometió un jubón de seda y diez mil *maravedís*, es decir, monedas de cobre españolas, al primer hombre que divisara tierra[39]. Se atribuye a Rodrigo de Triana el haber divisado la costa en primer lugar, aunque Colón se atribuyó el mérito del descubrimiento y no cumplió su promesa de pago[40].

El 12 de octubre tocaron tierra en una pequeña isla que los nativos llamaban Guanahani. Estaba en las Bahamas, que los españoles confundieron con una isla del océano Índico. Sin comprender que se habían topado con un continente completamente nuevo, las tripulaciones exploraron allí diversas islas, entre ellas las que se convertirían en Cuba, Haití y la República Dominicana.

El siguiente es un extracto de la carta de Colón a la reina Isabel y al rey Fernando, en la que detalla todo lo que encontró en estas islas lejanas.

---

[37] Ibíd.
[38] "Christopher Columbus Discovers America, 1492". *EyeWitness to History*. Web. 2004.
[39] Ibíd.
[40] Nabhan, Gary Paul. *Cumin, Camels, and Caravans: A Spice Odyssey*. 2014.

"En cuanto llegamos a la isla que acabo de decir que se llamaba Juana, navegué a lo largo de su costa una distancia considerable hacia el oeste, y la encontré tan grande, sin ningún fin aparente, que creí que no era una isla, sino un continente, una provincia de Catay. Pero no vi pueblos ni ciudades en el litoral, sino solo algunas aldeas y granjas rurales, con cuyos habitantes no pude hablar, porque huyeron en cuanto nos vieron.

En todas estas islas, según tengo entendido, cada hombre se conforma con una sola esposa, excepto los príncipes o reyes, a quienes se les permite tener veinte. Las mujeres parecen trabajar más que los hombres; pero no pude entender bien si tienen o no propiedad privada, pues vi que lo que cada uno tenía lo compartía con los demás, especialmente las comidas, las provisiones y cosas semejantes. No encontré entre ellos ningún monstruo, como muchos esperaban; sino hombres de gran deferencia y amabilidad; no son negros como los etíopes, sino que tienen el pelo largo y liso"[41].

Colón también señaló el hecho de que los habitantes de estas islas no tenían armas y que su carácter tímido le hacía confiar en que un pequeño ejército español podría conquistarlos fácilmente. Este dato no pasó desapercibido. Además, las especias, el oro, los pájaros de colores brillantes y las historias de gente exótica desnuda cautivaron la imaginación de los monarcas españoles, así como de al menos doscientos inversores[42]. El siguiente viaje liderado por Colón partió de Cádiz el 24 de septiembre de 1493, esta vez con al menos diecisiete naves[43].

---

[41] "Columbus Reports his First Voyage". *The Gilder Lehrman Institute of American History*. 2012.
[42] "Christopher Columbus". *Encyclopedia Britannica*. Web.
[43] "Christopher Columbus". *Encyclopedia Britannica*. Web.

Esta vez, la flota se centró no solo en la búsqueda de almacenes de valiosos artículos de comercio, sino también en la aplicación de un programa cristiano y la creación de colonias entre los "indios". Una pequeña caballería acompañaba a los colonos, exploradores y marineros. Cuando desembarcaron de nuevo en el fuerte que habían construido en La Navidad, quedó claro que había habido violencia entre los españoles y los taínos, ya que todos los españoles estaban muertos. Dos hombres se encargaron de vengarse de los lugareños, capturando a algunos de ellos para utilizarlos como esclavos. Después de esto se construyeron varios fuertes, y el primer asentamiento oficial español en América se estableció en La Isabela, en la costa norte de La Española, en 1494[44].

Las dos décadas siguientes se caracterizaron por violentos enfrentamientos entre los dos grupos étnicos, con miembros de los taínos y de otras tribus americanas capturados y subyugados bajo la voluntad de los conquistadores españoles. Utilizados para extraer oro y servir a los españoles, los cultivos taínos de yuca, batata y maíz se descuidaron hasta el punto de que muchos de los indígenas del Caribe murieron de hambre. Otros murieron a causa de las enfermedades europeas, como la viruela, hasta que apenas quedaron taínos, salvo las mujeres casadas con los conquistadores. Allí surgió una nueva cultura y etnia, mezcla de conquistadores y colonos españoles, poblaciones nativas y esclavos africanos importados.

Después de que la flota de Colón abandonara las islas que había descubierto, más españoles y otros europeos inundaron las Américas, buscando formas de rentabilizar este importante descubrimiento, aunque durante años se creyó que las islas del Caribe pertenecían a los mares orientales de China e India. Este fue el comienzo de la colonización europea a gran escala, de la guerra y de la dominación económica en lo que, con el tiempo, se daría cuenta de que era un continente sin cartografiar.

---

[44] Poole, Robert M. "What became of the Taino?". *Smithsonian Magazine.* Octubre 2011.

Capítulo 6 - Los últimos viajes de Cristóbal Colón

En 1498, los monarcas españoles Isabel y Fernando invirtieron en una tercera expedición dirigida por Colón al "Oriente", compuesta por seis barcos. La mitad de ellas contenían suministros para el asentamiento español en La Española, que debía ser firmemente fortificado. Desgraciadamente, cuando las naves desembarcaron en La Española, Colón descubrió un gran malestar social entre los taínos esclavizados y sus señores españoles. Envió un mensaje al rey y a la reina de España, explicando que la colonia estaba plagada de enfermedades, nativos obstinados y europeos perezosos.

Colón había dejado a sus hermanos Bartolomé y Diego al frente de la colonia durante su ausencia, pero esto parece haber sido un error. Los españoles del asentamiento ya habían enviado cartas a la monarquía en casa, y se rebelaron junto a Francisco Roldán, el alcalde designado de La Isabela. A la vuelta de Cristóbal Colón, se aplicaron medidas estrictas para controlar al pueblo, y se ahorcó a muchas personas que Colón consideraba problemáticas.

Asombrados por estos relatos, los reyes de España enviaron al Nuevo Mundo un sustituto de la gobernación de Colón. Este hombre, Francisco de Bobadilla, descubrió que los hermanos Colón habían explotado a los taínos enviándolos a Europa como esclavos u obligándolos a trabajar en las minas de oro. Según el acuerdo original, los líderes taínos debían producir oro per cápita, pero Diego y Bartolomé habían modificado ese sistema y permitían que algunos españoles controlaran directamente la producción. Esto no solo enfureció a los mineros sobrecargados de trabajo, sino que también enfureció a los españoles que no gozaban de tales privilegios.

Bobadilla consideró que los hermanos Colón eran el problema de fondo de la colonia, así que los esposó y los envió de vuelta a España a bordo de *La Gorda* a finales de octubre de 1500[45]. Durante ese viaje, Cristóbal Colón escribió una larga y desesperada carta a una importante miembro de la corte española, Doña Juana de la Torre. Como enfermera del príncipe Juan, de la Torre tenía influencia en los soberanos, y si se la podía convencer de que simpatizara con Colón, podría convencer a Isabel y Fernando de que lo liberaran.

He aquí un extracto de esa carta:

> "Aunque mi queja del mundo es nueva, su hábito de mal uso es muy antiguo. He tenido mil luchas con él, y hasta ahora las he resistido todas, pero ahora ni las armas ni los consejos me sirven y me mantiene cruelmente bajo el agua. La esperanza en el Creador de todos los hombres me sostiene; su ayuda estuvo siempre muy dispuesta; en otra ocasión, y no hace mucho, cuando me sentía aún más abrumado, me levantó con su brazo derecho, diciendo: 'Oh, hombre de poca fe, levántate, soy yo; no temas'.
>
> Vine con tanto afecto cordial a servir a estos príncipes, y los he servido con tal servicio, como nunca se ha oído ni visto.

---

[45] "Christopher Columbus". *Encyclopedia Britannica*.

Del nuevo cielo y de la nueva tierra que hizo nuestro Señor, cuando San Juan escribía el Apocalipsis, según lo dicho por boca de Isaías, me hizo mensajero y me mostró dónde estaba. En todos los hombres hubo incredulidad, pero a la reina, mi Señora, le dio espíritu de entendimiento, y gran valor, y la hizo heredera de todo, como hija querida y muy amada. Fui a tomar posesión de todo esto en su real nombre. Trataron de enmendar con ella la ignorancia que todos habían mostrado, pasando por encima de sus pocos conocimientos y hablando de obstáculos y gastos. Su Alteza, en cambio, lo aprobó y apoyó en la medida de sus posibilidades.

Si yo robase del altar de San Pedro las Indias o la tierra que está hacia ellas de que ahora hablo, y las diese a los moros, no podrían mostrar mayor enemistad contra mí en España...

Antes de mi partida rogué muchas veces a sus Altezas que enviasen allí, a mis expensas, a alguien que se encargase de la administración de justicia; y después de hallar al alcalde en armas renové mis súplicas para tener o algunas tropas o, al menos, algún criado suyo con cartas patentes; porque mi reputación es tal que, aunque construya iglesias y hospitales, siempre serán llamados cuevas de ladrones...

Me juzgan allí como a un gobernador que hubiera ido a Sicilia, o a una ciudad o pueblo colocado bajo un gobierno regular, y donde las leyes pueden ser observadas en su totalidad sin temor a arruinarlo todo; y me veo muy perjudicado por ello. Debería ser juzgado como un capitán que fue de España a las Indias a conquistar un pueblo numeroso y belicoso, cuyas costumbres y religión son muy contrarias a las nuestras; que vive en rocas y montañas, sin asentamientos fijos, y no como nosotros; y donde, por la voluntad divina, he puesto bajo el dominio del rey y la reina, nuestros soberanos, otro mundo, por el cual España, que se consideraba un país pobre, se ha convertido en el más rico"[46].

En efecto, Colón y sus hermanos fueron rápidamente liberados de sus esposas de hierro tras desembarcar en España, y Cristóbal consiguió una audiencia con la realeza aquel diciembre. A pesar de no poder convencer a los monarcas de que era el más indicado para gobernar las nuevas tierras, Colón seguía siendo considerado el mejor navegante y almirante de España. Por ello, se le concedió un nuevo viaje al Nuevo Mundo, bajo el supuesto de que aún quedaban nuevas tierras y valores por descubrir en nombre de España.

Al año siguiente, Isabel y Fernando enviaron a Nicolás de Ovando hacia el oeste con treinta barcos para sustituir a Bobadilla como gobernador de las Indias[47]. En 1502, también equiparon a Colón con barcos y suministros para que montara su cuarta expedición a occidente[48]. Colón, sin embargo, recibió una cantidad relativamente escasa de cuatro barcos. Durante este tiempo, el famoso almirante empezó a ver su descubrimiento de tierras desconocidas como su destino divino y, al mismo tiempo, parecía creer que sus dificultades para gobernar esas tierras eran similares al sufrimiento de Cristo. Se llamaba a sí mismo "portador de Cristo", probablemente como una forma de llamar la atención sobre estas similitudes y recordar a sus inversores que su misión última era difundir el cristianismo entre los pueblos del Nuevo Mundo. También comenzó a escribir el *Libro de las Profecías* y el *Libro de los Privilegios*, el último de los cuales detallaba la cantidad de reclamos financieros y de títulos a los que él y sus herederos tenían derecho.

Prohibido de embarcarse una vez más en La Española debido a los informes de que era un gobernador inepto y despiadado allí, Colón recibió instrucciones de continuar las exploraciones en el sur y de encontrar un pasaje a la India. Aunque aparentemente se tomaba

---

[46] Documentado por Filson Young en *Christopher Columbus and the New World of his Discovery*. 2018
[47] "Christopher Columbus". *Encyclopedia Britannica*.
[48] Ibíd.

estas exigencias muy en serio, ese mismo mes de junio se presentó en La Española y pidió al gobernador Ovando que le dejara entrar. El gobernador se negó rotundamente, y solo entonces Colón desapareció aún más en aguas inexploradas.

Durante los meses de verano de 1502, Colón encontró y exploró parcialmente las costas de Jamaica, Cuba, Honduras y Nicaragua[49]. Con la esperanza de encontrar un pasaje a la India a través de la laguna de Chiriquí, en Panamá, Colón navegó cuidadosamente por el borde de la ensenada antes de desembarcar allí para buscar oro. Aunque sus barcos estaban afectados por la carcoma y el almirante no gozaba de buena salud, Colón se adentró en las profundidades de Panamá con mal tiempo. En febrero de 1503, incluso intentó establecer un puesto comercial en esa parte de la tierra, pero cuando un barco se perdió por enfermedad y los nativos no mostraron signos de cooperación, el plan se canceló[50]. Los dos barcos restantes se vieron obligados a regresar a La Española. Sin embargo, las tripulaciones, en demasiado mal estado para llegar tan lejos, vararon ambos barcos en Jamaica.

Los capitanes Diego Méndez y Bartolomeo Fieschi se dirigieron a La Española en canoa para buscar ayuda, remando unas 450 millas (720 kilómetros) hasta llegar al gobernador Ovando[51]. Tras llegar a la colonia, ninguno de los dos capitanes pudo convencer al gobernador de que enviara ayuda rápidamente. Los náufragos de Jamaica esperaron casi un año entero para ser rescatados, después de lo cual Colón navegó de vuelta a España para descubrir que la reina Isabel se estaba muriendo.

La reina, principal defensora e inversora de Colón, murió a finales de noviembre de 1504[52]. Su partida del mundo significó no solo que el envejecido Colón ya no podía proponer fastuosas expediciones a Occidente, sino también que sus esperanzas de restaurar su tan

---

[49] Ibíd.
[50] "Christopher Columbus". *Encyclopedia Britannica*.
[51] Ibíd.
[52] Potter, Philip J. *Queens of the Renaissance*. 2014.

mancillada reputación se vieron aplastadas. El aventurero no sobrevivió mucho tiempo a su reina, muriendo en mayo de 1506, pero sus viajes a lo que él llamaba decididamente China e India —reparando a los que suponían que esas tierras eran nuevas en los mapas europeos— iniciaron una avalancha de exploración y colonización hacia el oeste sin precedentes.

Capítulo 7 - Américo Vespucio

Aunque los europeos aceptaron en gran medida que Cristóbal Colón fue el primero de su continente en descubrir las tierras del Nuevo Mundo, hubo algunos que no estuvieron de acuerdo. Un grupo de editores desconocidos imprimió en 1503 un manuscrito titulado *Mundus novus* en el que se nombraba a Américo Vespucio (Amerigo Vespucci) como descubridor del Nuevo Mundo[53]. Vespucio, un talentoso navegante de la República de Florencia, viajó a España con un pariente para trabajar en la industria naval. Formó parte de la tripulación que preparó los barcos para el segundo viaje de Colón.

Aunque los primeros viajes de Vespucio se realizaron bajo la autoridad de España, después de 1500 navegó para los portugueses. Este cambio parece deberse a la voluntad de Portugal de dejar que Vespucio planificara libremente sus expediciones, mientras que España había empezado a rechazar sus solicitudes de financiación de expediciones. Portugal, siempre deseoso de tener a los mejores y más ambiciosos navegantes trabajando para sus propios objetivos, estuvo encantado de emplearlo.

---

[53] Drees, Clayton J. (editor.) *The Late Medieval Age of Crisis and Renewal.* 2001.

Las pruebas de las hazañas navales de Vespucio se encuentran principalmente en una selección de cartas que envió a amigos y conocidos, entre ellos el gonfaloniero perpetuo de la República de Florencia, un tal Piero Soderini. El siguiente es un extracto de una carta de 1504 a Soderini, en la que se expone cómo Vespucio había encontrado el continente principal de un nuevo mundo que desafiaba las interpretaciones de Colón sobre sus propios descubrimientos:

"La razón principal por la que me veo inducido a escribir es la petición del portador, Benvenuto Benvenuti, devoto servidor de vuestra Excelencia y mi amigo particular. Se encuentra aquí, en esta ciudad de Lisboa, y me ha pedido que le comunique a vuestra excelencia una descripción de las cosas que he visto en diversos climas, en el curso de los cuatro viajes que he hecho para el descubrimiento de nuevas tierras, dos por la autoridad y el mando de Don Fernando, rey de Castilla, en el gran océano Occidental y los otros dos por orden de Dom Manuel, rey de Portugal, hacia el sur.

Así que resolví escribir, como se me pidió, y me dispuse a realizar mi tarea, porque estoy seguro de que vuestra excelencia me cuenta entre el número de sus más devotos servidores, recordando que en el tiempo de nuestra juventud fuimos amigos, yendo diariamente a estudiar los rudimentos de la gramática, bajo la excelente instrucción del venerable hermano de San Marcos, fray Georgio Antonio Vespucci, mi tío, cuyos consejos ojalá hubiera seguido. Porque entonces, como dice Petrarca, habría sido un hombre diferente de lo que soy.

...sometido a muchísimos inconvenientes y peligros, concluí abandonar los asuntos mercantiles y dirigir mi atención a algo más loable y estable. Para ello, me dispuse a visitar varias partes del mundo, y ver las cosas maravillosas que se podían encontrar en ellas.

> El rey Fernando de Castilla había ordenado que cuatro naves fueran en busca de nuevas tierras, y yo fui seleccionado por su alteza para ir en esa flota, con el fin de asistir a los descubrimientos. Zarpamos del puerto de Cádiz el 10 de mayo de 1497, y dirigiendo nuestro curso a través del gran océano Occidental, pasamos dieciocho meses en nuestra expedición, descubriendo mucha tierra y un gran número de islas, la mayor parte de las cuales estaban habitadas. Como los escritores antiguos no hablan de ellas, supongo que las ignoraban. Si no me equivoco, recuerdo bien haber leído en uno de sus libros, que yo poseía, que este océano se consideraba despoblado"[54].

En otra carta, Vespucci describe su segundo viaje al suroeste en 1499, durante el cual hizo aún más descubrimientos:

> "Salimos del puerto de Cádiz, con tres naves en compañía, el 18 de mayo, y nos dirigimos directamente hacia el cabo de Verdes, pasando a la vista de las Grandes Canarias, y llegando pronto a una isla llamada De Fuego, de donde, habiendo tomado madera y agua, proseguimos nuestro viaje hacia el suroeste. En cuarenta y cuatro días llegamos a una nueva tierra, que juzgamos un continente, y una continuación de la mencionada en mi anterior viaje"[55].

Muchos historiadores creen que durante este viaje de 1499, Vespucio fue el primer europeo que navegó hacia el sur a lo largo de la costa de Brasil y Venezuela. A diferencia de Cristóbal Colón, Vespucio reconoció que lo que estaba viendo no era, de hecho, parte de China o de la India, sino un continente completamente nuevo que no existía en ningún mapa europeo. Sabía que era un mundo nuevo. En última instancia, fue el hecho de que Américo Vespucio comprendiera la relación relativa entre Europa, el Nuevo Mundo y la

---

[54] Colección de cartas y escritos en *Amerigo Vespucci: Discover the man behind the legend*. 2017.
[55] Ibíd.

lejana China, lo que lo consolidó, en muchas mentes, como el verdadero descubridor de las Américas. De hecho, es por él que los continentes llevan ese nombre.

Un panfleto publicado por un filósofo humanista llamado Martin Waldseemüller sugirió que el Nuevo Mundo tomara el nombre del hombre que se dio cuenta por primera vez de su existencia. Este escrito apareció en 1507, poco después de que el mismo editor publicara "Los cuatro viajes de Américo". En este último, se incluía una gran carta estelar que exponía la astronomía de navegación de América del Sur. En todo el continente se imprimió el nombre de "Amerigo". La sugerencia de Waldseemüller resultó bastante popular, y pronto toda Sudamérica fue conocida como "Amerigo".

Las proezas navales de Vespucio y su gran aumento de popularidad impresionaron incluso al rey de España Fernando II, que concedió a Vespucio la nacionalidad española para poder emplearlo de nuevo. En 1508, Vespucio fue nombrado Maestro Navegante, cargo en el que formó a navegantes y pilotos de barcos y revisó los mapas existentes. Incluso los mapas elaborados por Cristóbal Colón habrían acudido a Vespucio para ser actualizados y modificados. Cristóbal Colón, sin embargo, seguía estando seguro de que sus propios descubrimientos habían revelado el extremo oriental de Catay, y murió creyéndolo.

Capítulo 8 - Ponce de León

Juan Ponce de León nació en España entre 1460 y 1474[56]. Nació en el seno de una familia noble y sirvió a la corte real de Aragón como paje. Entró en el servicio militar y luchó en Granada contra los moros (musulmanes), que finalmente fueron expulsados de España.

Se cree que Ponce de León pudo ser empleado en la segunda expedición de Cristóbal Colón en 1493[57]. Se sabe que se asentó en la isla de La Española, que ahora es la isla que se divide entre la República Dominicana y Haití. Allí se casó en 1502 y la pareja tuvo cuatro hijos[58].

En La Española, los europeos, entre ellos Ponce de León, lucharon por arrebatar el control total de la isla a su población nativa. Hicieron esclavos a los nativos e intentaron tomar la tierra y convertirla en granjas al estilo europeo. Juan Ponce de León se convirtió en gobernador de la parte oriental de La Española. Esto fue una recompensa por su ayuda anterior en la conquista de los nativos, y Ponce de León recibió también tierras y esclavos con los que establecerse como agricultor. Gracias a este generoso regalo, sus esfuerzos agrícolas tuvieron mucho éxito.

---

[56] Otfinoski, S. *Juan Ponce de Leon: Discoverer of Florida.* 2005.
[57] Robinson, M.J. *Ponte Vedra Beach: A History.* 2008.
[58] Robinson, M.J. *Ponte Vedra Beach: A History.* 2008.

Sin embargo, Ponce de León buscaba algo más que el éxito agrícola, y se sintió animado por las historias de oro en la isla cercana llamada Borinquen. En 1508, Ponce de León recibió permiso de la Corona española para explorar y colonizar la isla, que más tarde se conocería como Puerto Rico[59]. Se cree que en realidad ya había hecho algunas exploraciones allí sin permiso oficial, y Ponce de León fue nombrado gobernador de Puerto Rico en 1509. Sin embargo, el hijo de Cristóbal Colón le disputó la gobernación de la isla, alegando que a Colón se le había concedido ese derecho primero y que debía recaer en su hijo a su muerte. En 1511, el hijo de Colón (Diego) recibió el título tras una decisión legal, y se instó a Ponce de León a proseguir sus exploraciones en otros lugares[60].

Ponce de León se había enriquecido con las plantaciones que había construido y con las operaciones mineras en las que participaba. Diego Colón se apoderó de las propiedades de Ponce de León tras su intento de ignorar el reconocido derecho de Colón a gobernar Puerto Rico. El rey Fernando II quería que Ponce de León siguiera adelante y explorara más. Posiblemente estaba interesado en encontrar la Fuente de la Juventud que supuestamente mencionaban los pueblos indígenas del Caribe. La idea de que Ponce de León y el rey Fernando II buscaban esta mítica fuente es algo que se menciona a menudo sobre ellos, pero sigue sin probarse. Una prueba que queda de que se habló de dicha fuente se encuentra en una carta de un hombre llamado Pedro Mártir, que fue contemporáneo de Ponce de León. Escribió al obispo de Roma, que decía lo siguiente

> "Entre las islas de la parte norte de la Española [Haití] hay una como a trescientas veinticinco leguas de distancia, según dicen los que la han buscado, en la cual hay una fuente continua de agua corriente, de tan maravillosa virtud, que bebiendo su agua tal vez con alguna dieta, hace rejuvenecer a los hombres viejos. Y aquí debo protestar a vuestra santidad

---

[59] Worth, Richard. *Puerto Rico: From Colony to Commonwealth*. 2016.
[60] Otfinoski, S. *Juan Ponce de Leon: Discoverer of Florida*. 2005.

para que no piense que esto se dice a la ligera o precipitadamente, pues han difundido tanto este rumor como una verdad por toda la corte, que no solo todo el pueblo, sino también muchos de los que la sabiduría o la fortuna han dividido de la clase común, piensan que es cierto"[61].

Aparte de esta súplica al obispo para que no permita que se tomen en serio tales tonterías, existen pocas pruebas de que Ponce de León y el rey Fernando II tuvieran en su punto de mira tales tesoros míticos. Sin embargo, estaban definitivamente en busca de nuevas tierras, como la que esperaban que fuera Bimini —o la legendaria Fuente de la Juventud— y otras tierras no descubiertas que pudieran aumentar la riqueza del reino.

En febrero de 1512, el rey Fernando dio permiso a Ponce de León para seguir explorando el mar Caribe[62]. Ponce de León se puso a preparar tres barcos y a reunir una tripulación. El 4 de marzo de 1513 partieron de Puerto Rico[63]. Esta expedición fue el primer viaje europeo a lo que se conocería como Florida (Ponce de León la llamó La Florida). El 3 de abril de 1513, los exploradores desembarcaron a pie desde sus barcos anclados[64]. Durante la expedición, Ponce de León viajó a los Cayos de Florida y a la costa del golfo.

Cuando regresó a España en 1514, el rey Fernando le concedió el título de caballero[65]. El rey Fernando también aprovechó la ocasión para devolver a Ponce de León su título de gobernador de Puerto Rico y de la aún no descubierta Bimini, así como el permiso para colonizar Florida para España. Ponce de León se embarcó de nuevo en el Caribe en 1515 para preparar otra expedición a Florida, pero pronto se vería obligado a viajar primero a España, ya que el rey Fernando murió el 23 de enero de 1516[66]. Ponce de León regresó a

---

[61] Davis, T.F. The Record of Ponce de Leon's Discovery of Florida, 1513. The Florida Historical Society Quarterly, Vol. 11, No. 1 (julio, 1932).
[62] Ibíd.
[63] Ibíd.
[64] Ibíd.
[65] Ibíd.
[66] Olson, J.S. *Historical Dictionary of European Imperialism*. 1991.

España tras la muerte de Fernando para asegurarse de que los títulos que se le habían otorgado y las concesiones que había recibido se siguieran cumpliendo. Después de dos años, Ponce de León puso en orden estos asuntos y regresó a Puerto Rico. Su segunda expedición a Florida partió finalmente el 20 de febrero de 1521[67]. Esta expedición llevó unos doscientos hombres a la nueva tierra, ya que se planeaba el asentamiento de una colonia. También se llevaron caballos, ganado y aperos de labranza para utilizarlos en el asentamiento de la región.

Esta vez, sin embargo, los españoles se encontraron con defensas muy hostiles por parte de los calusas, indígenas de Florida. Las esperanzas de dejar una colonia de colonos tuvieron que ser abandonadas. El propio Juan Ponce de León recibió un disparo de flecha en el muslo durante un ataque a los colonos intrusos. Se cree que la flecha estaba envenenada para causar la enfermedad. Ponce de León fue llevado a La Habana, Cuba, pero no se recuperó y murió poco después. Su cuerpo fue llevado a su esposa y familia en Puerto Rico y enterrado allí.

---

[67] Hamilton-Waxman, L. *A Journey with Juan Ponce de León*. 2018.

Capítulo 9 - Diogo Lopes de Sequeira

Don Diogo Lopes de Sequeira, nacido en 1465, era un *fidalgo* portugués, lo que significa que formaba parte de una familia noble[68]. Como tal, Sequeira encontró trabajo al servicio del Imperio portugués como explorador y diplomático. Con un Portugal que extendía sus alas rápidamente, Sequeira se encontró en el extranjero tan lejos de su país como la India, Malasia y Madagascar. En estos lugares, se le encomendó la tarea de investigar si sería beneficioso para Portugal establecer un comercio regular en ellos. El rey Manuel I, sucesor de su primo el rey Juan II, también ordenó a Sequeira que elaborara un mapa de Madagascar y aprovechara la oportunidad para conocer mejor a los chinos, que probablemente se encontraban en esa parte del mundo.

En la carta de instrucciones del rey Manuel a Diogo Lopes de Sequeira, en febrero de 1508, insistió en que nadie de la expedición debía realizar actos de guerra u hostilidad:

---

[68] Chen, Li. *Chinese Law in Imperial Eyes.* 2015.

"Ordenamos y mandamos que no hagáis ningún daño ni perjuicio en todas las partes a las que lleguéis, y más bien que todos reciban de vosotros honor, favor, hospitalidad y comercio justo, pues nuestro servicio así lo exige en estos comienzos. Y aunque se cometa algo contra vosotros en vuestra aventura, y tengáis derecho a causar daño, disimuladlo lo mejor que podáis, mostrando que no deseáis más que la paz y la amistad, pues os lo exigimos. Sin embargo, si sois atacados, o engañados de tal manera que os parezca que querían haceros daño, entonces haréis todo el daño y perjuicio que podáis a los que intentaron cometerlo contra vosotros, y en ninguna otra situación haréis guerra o daño".

Sequeira se embarcó en un viaje de enorme importancia, que realmente consolidaría la presencia, la influencia y la autoridad de Portugal en lugares que pocos europeos habían visto. Con dieciséis barcos, el viaje de Sequeira comenzó en 1508, partiendo hacia el sur desde Lisboa y navegando a lo largo del cabo de Buena Esperanza[69]. En el sur de África, las naves anclaron en San Brás y se abastecieron de agua dulce. Desde allí se dirigieron a Mozambique y luego a Madagascar.

El año anterior, Pero d'Arraya se había embarcado en el principal puerto de Mozambique, Sofala, con seis barcos[70]. Allí debía fundar una fortaleza y comenzar la colonización del país insular. Con el permiso de un señor local para seguir construyendo, d'Arraya levantó una fortaleza para Portugal, llenándola de armas y municiones. Cuando la población local se dio cuenta de que la intención de d'Arraya no era vivir simple y pacíficamente entre ellos, se unió para intentar forzar la salida de los portugueses de Mozambique.

---

[69] McMurdo, Edward. *The History of Portugal.* 1889.
[70] Ibíd.

Los esfuerzos locales fracasaron, y cuando los portugueses mataron al gobernante del pueblo, d'Arraya se adelantó y nombró al siguiente. Las continuas luchas, la reorganización política y la violencia acabaron por dejar la fortaleza de Sofala con muy pocos habitantes. Cuando Diogo Lopes de Sequeira llegó a Mozambique, no había nada que él o alguien pudiera hacer para asegurar la zona, y mucho menos para aumentar la población de la colonia, que estaba en franca decadencia. Inspeccionó las condiciones allí y pronto se dirigió a Madagascar.

Fue en agosto de 1508, mientras estaban amarrados en la bahía de San Sebastián y explorando la isla de Madagascar, cuando Sequeira y su compañero el capitán Duarte de Lemos rescataron a tres marineros varados que habían sido víctimas de un naufragio portugués anterior[71]. Uno de los marineros, llamado Antonio, había aprendido la lengua local malgache y posteriormente sirvió de intérprete a Sequeira. Antonio se dirigió con su salvador y los barcos que lo acompañaban a su destino más importante: Malaca, situada en la actual Malasia.

Llegaron a la ciudad de Malaca en septiembre de 1509[72]. Sequeira traía consigo una carta del rey portugués, Manuel I. La carta era la habitual, destinada a presentar a los dirigentes y comerciantes locales al lejano país de Portugal y solicitar una relación comercial amistosa entre ambas naciones.

Malaca era una gran y bulliciosa ciudad de comercio internacional, cuya fama había llegado a oídos de los exploradores y monarcas europeos mucho antes de que sus barcos tocaran puerto. Establecida como capital del sultanato de Malaca hacia el año 1400, contaba con una población dinámica que incluía miembros de varias confesiones, como el islam, el budismo y el taoísmo[73]. El sultanato de Malaca, en el que abundaban las personas que hablaban mandarín, árabe, javanés, persa y japonés, se mantenía gracias al hábil poderío militar de

---

[71] Van den Boogaerde, Pierre. *Shipwrecks of Madagascar*. 2011.
[72] Ibíd.
[73] Cœdès, George. *The Indianized states of Southeast Asia*. 1968.

muchos caballeros formales que hablaban hasta una docena de idiomas.

El mismo día en que el barco de Diogo Lopes de Sequeira tocó puerto en Malaca, el capitán portugués fue presentado a cuatro capitanes chinos a cargo de barcos chatarra. Poco acostumbrado a la variedad de costumbres y etnias de Malaca, Sequeira creyó que sus nuevos amigos eran de alguna otra parte de Europa. A pesar de sus evidentes problemas de comunicación, los capitanes portugueses y chinos cenaban juntos con regularidad en los barcos del otro. Por desgracia, una facción de la población musulmana local no era tan amistosa.

Los exploradores musulmanes ya estaban algo familiarizados con los portugueses por su presencia en la India, y advirtieron a los demás de que no debían iniciar relaciones comerciales o políticas con Sequeira. A pesar de haber entablado amistad con muchas personas en Malaca, Sequeira fue objeto de un plan de asesinato. Al enterarse del plan justo a tiempo para salvar su vida, Sequeira huyó de la ciudad en uno de sus barcos, dejando atrás a varios miembros de su tripulación. Consiguió volver a Lisboa en 1510[74].

En 1518, Diogo Lopes de Sequeira fue nombrado gobernador de la India, en sustitución de Lopo Soares de Albergaria[75].

---

[74] McMurdo, Edward. *The History of Portugal.* 1889.
[75] Benians, Ernest Alfred; Arthur Percival Newton y John Holland Rose (editores.) *The Cambridge History of the British Empire.* 1940.

Capítulo 10 - Hernán Cortés

Hernán Cortés (originalmente conocido como Hernando o Fernando Cortez) nació en 1485 en España[76]. Su padre era capitán del ejército español y su madre era prima de Francisco Pizarro, que conquistó el imperio incaico en lo que se conocería como Perú. Cortés no se encontraba bien de niño. A los catorce años, comenzó a estudiar derecho con un tío para poder hacer carrera a pesar de su carácter enfermizo. A los dieciséis años, Cortés volvió con sus padres a Medellín y se formó en derecho, pero tenía una actitud arrogante y consideraba su casa demasiado provinciana y atrasada para alguien como él.

Para entonces, España estaba recibiendo toda la gloria de los éxitos de Cristóbal Colón, y Cortés se sintió atraído por el mundo de la exploración. Cortés era pariente lejano de Nicolás de Ovando, que había sido nombrado gobernador de La Española (la isla que hoy es la República Dominicana y Haití), y la familia organizó el viaje de Cortés hasta allí. Sin embargo, no partió de inmediato, ya que se lesionó y pasó el año siguiente en los puertos del sur de España. En

---

[76] Savage, C. *Illustrated Biography: Or, Memoirs of the Great and the Good of All Nations.* 1853.

1504, Cortés partió finalmente hacia La Española en el barco de Alonso Quintero[77].

Se cree que el comportamiento de Quintero influyó en Cortés durante el viaje. Quintero era un conquistador con el ojo puesto en cualquier ventaja que pudiera obtener. Era amotinado y bastante taimado.

Cuando llegó a La Española con dieciocho años, Cortés se adaptó muy bien a la vida en la colonia como agricultor. Al registrarse como ciudadano allí, recibió tierras con las que cultivar y construir un hogar. Fue nombrado notario de la ciudad de Azua de Compostela, y el gobernador le dio una *encomienda*, un grupo de esclavos nativos, como recompensa.

Cortés empezó a estudiar la posibilidad de unirse a las expediciones a Cuba, y en un extraño giro de la suerte, enfermó de sífilis, lo que le hizo perder la oportunidad de navegar con Diego de Nicuesa y Alonso de Ojeda cuando se embarcaron en 1509[78]. El destino de Nicuesa fue hacerse a la mar después de que se le negara la entrada en Santa María tras descubrir que ya había sido colonizada por Vasco Núñez de Balboa. Nicuesa pretendía castigar a los que ya estaban allí, pero en su lugar, él y diecisiete de sus más leales seguidores fueron expulsados. Al resto de los hombres de su viaje se les concedió la entrada. Nicuesa emprendió el regreso a Santo Domingo, pero nunca se le volvió a ver. Alonso de Ojeda acabó naufragando y tuvo la suerte de ser rescatado, pero aquella sería su última expedición.

Así, Cortés se recuperó de su enfermedad y se embarcó en 1511 con Diego Velázquez de Cuéllar hacia Cuba[79]. Velázquez sería el gobernador una vez allí y Cortés el encargado de la tesorería. Junto con su nuevo cargo en Santiago de Cuba, Cortés recibió tierras y esclavos, que eran de la población nativa. A medida que se asentaba

---

[77] Bjorklund, L. *A Brief History of Fairplay*. 2013.
[78] Bancroft, H.H. *The Works of Hubert Howe Bancroft*. 1883.
[79] Tarver, H.M. y Slape, E. *The Spanish Empire: A Historical Encyclopedia*. 2016.

en su nuevo papel, que le daba cierto poder en la zona, él y Velázquez empezaron a discrepar en muchas cosas, y Cortés contaba con la atención de los descontentos de la colonia. Hacia 1514, estaba a la cabeza de un grupo que exigía que la junta de gobierno proporcionara más esclavos a los colonos[80]. Cortés llegó a ser elegido alcalde de Santiago en dos elecciones.

En octubre de 1518, Velázquez decidió enviar a Cortés a ayudar a su pariente Juan de Grijalva en México, donde habían descubierto considerables cantidades de oro y plata. A Cortés se le dio el título de Capitán General para esta expedición. Más tarde, Velázquez cambió de opinión acerca de poner a Cortés al mando, ya que su rivalidad aumentó cuando Cortés pudo contratar varios barcos y cientos de hombres para el viaje en poco tiempo. Cortés hizo caso omiso de la cancelación, y con once barcos, dieciséis caballos y quinientos hombres que había contratado en diferentes puertos de Cuba, zarpó hacia México en febrero de 1519[81].

La expedición de Cortés llegó a Tabasco al mes siguiente, en marzo de 1519[82]. Allí anclaron durante un tiempo antes de seguir adelante. Durante su estancia, Cortés pudo ganarse la amistad de los nativos. Desde Tabasco, Cortés navegó hasta (y fundó) Veracruz, donde se convirtió en el presidente de la justicia y sus hombres en los ciudadanos de la recién fundada colonia. Para consolidar su dominio y el compromiso de los colonos con la nueva colonia, les quitó la posibilidad de marcharse destruyendo todos los barcos.

Aunque muchos de los pueblos nativos fueron tratados con justicia y se hicieron amigos de Cortés, hubo muchos que no lo hicieron, y este se apresuró a atacar con la fuerza en lugar de negociar. Los tlaxcaltecas y los cholultecas se convirtieron en enemigos de Cortés en su intento de hacerse con el control del Imperio azteca. En 1521,

---

[80] Malveaux, E. *The Color Line: A History.* 2015.
[81] Honychurch, L. *Caribbean People.* 1995.
[82] Ibíd.

Cortés marchó a Tenochtitlán, la sede del Imperio azteca (actual Ciudad de México), donde reinaba su gobernante, Moctezuma II[83].

Como era costumbre, Moctezuma recibió a Cortés como visitante. Sin embargo, Cortés no devolvió el trato cordial y decidió tomar a Moctezuma como rehén para obligar a los aztecas a aceptar las conversiones religiosas y políticas en las que insistían los españoles. Al principio, Cortés insistió a Moctezuma diciendo que lo mantenía a salvo, pero, por supuesto, se trataba en realidad de un secuestro. Cortés permitió que sus soldados saquearan la ciudad. Un factor que contribuyó a la desaparición de los aztecas fue que enfermaron de viruela en gran número. No tenían inmunidad a esta enfermedad procedente de Europa. En 1521, el Imperio azteca se había convertido en una potencia del pasado, y los conquistadores españoles habían comenzado la transformación de su tierra en una extensión de España. En octubre de 1522, Carlos V, emperador del Sacro Imperio y rey de España, entre otros muchos títulos, nombró a Cortés capitán general de Nueva España[84].

Hernán Cortés asumió el cargo y comenzó a trabajar en la ciudad de México para construirla como parte del Imperio español. Al hacerlo, emprendió la destrucción de la obra de los aztecas y los antiguos templos y edificios se convirtieron en ruinas.

Diego Velázquez de Cuéllar continuó en su empeño de causar interferencias a Cortés y escribió a su amigo el obispo Fonseca en España, quien hizo campaña contra Cortés, y la Corona española envió a Francisco de Garay a colonizar el norte de México. Cortés escribió al propio rey, y Carlos V envió un decreto para que de Garay abandonara su misión allí.

Solo dos años después de convertirse en Capitán General de Nueva España, Cortés volvió a pensar en una expedición de exploración. En 1524, se adentró en la selva de Honduras[85]. Su poder

---

[83] Ibíd,
[84] Pohl, J. *The Conquistador: 1492-1550*. 2012.
[85] Ibíd.

político empezó a preocupar a España cuando se enfrentó a Cristóbal de Olid, que ya había reclamado Honduras. También se llevó a Cuauhtémoc, el último líder azteca independiente, y a otros nativos de rango cuando fue a Honduras porque temía dejarlos en México por miedo a que se rebelaran mientras él estaba fuera. Cuando Cuauhtémoc terminó siendo asesinado por Cortés, así como cuando Cortés emitió su propio decreto para la muerte de Olid, el Consejo de Indias y la Corona de Castilla se distanciaron de Cortés y sus acciones.

Velázquez y el obispo Fonseca, en su continuo empeño por que Cortés perdiera su poder, acabaron por convencer al rey para que nombrara a alguien que investigara a Cortés y sus actividades. Se encargó a Luis Ponce de León, y cuando Cortés regresó de Honduras, fue suspendido de su cargo político. Cuando Luis Ponce de León murió poco después de su llegada, muchos sospecharon que Cortés lo había envenenado, pero no volvió a tomar el control del cargo. Alonso de Estrada se convirtió en gobernador de Nueva España en 1527, mientras que Cortés se retiró a su hacienda[86].

Cortés regresó a España en 1528 para convencer al rey de que le permitiera retomar su cargo, llevando consigo tesoros de Nueva España para el monarca. Carlos V permitió que Cortés mantuviera el título de Capitán General pero no accedió a restituirlo como gobernador. En 1530, Cortés navegó por última vez a Nueva España, donde pasó algún tiempo reafirmando su poder y poniendo en orden la colonia, además de lidiar con las acusaciones de haber asesinado a su primera esposa. Volvió a casarse y se instaló en su hacienda, que estaba al sur de la ciudad de México.

Cortés siguió explorando y, en 1536, encontró la península de Baja California y exploró la costa mexicana por el lado del Pacífico. En 1539, Francisco de Ulloa bautizó el mar de Cortés en honor a Hernán Cortés. Más tarde se llamó golfo de California[87].

---

[86] Valencia, R.H. *The Encomenderos of New Spain, 1521-1555.* 2009.
[87] Francisco López de Gómara, *Cortes: The Life of the Conqueror by his Secretary.* 1964.

En 1541, Cortés navegó por última vez hacia España[88]. Tenía muchos pleitos en su contra y estaba desanimado por lo que consideraba una falta de reconocimiento. Murió el 2 de diciembre de 1547, sin volver nunca más a México[89].

---

[88] Kohl, J.G. *A Popular History of the Discovery of America from Columbus to Franklin.* 1865.
[89] Ibíd.

Capítulo 11 - Fernando de Magallanes

Fernando de Magallanes (Fernão de Magalhães) nació alrededor de 1480 en la nobleza portuguesa, y bajo el reinado de Juan II, Magallanes sirvió como paje de la esposa de Juan II, la reina Leonor[90].

En 1505, con el país ya bajo el gobierno del rey Manuel I, Magallanes se alistó para servir en una flota que se dirigía a las costas de África y la India. Esta flota debía continuar los esfuerzos de vigilancia de Portugal para mantener la presencia de Portugal visible para todos, especialmente para los musulmanes, con los que los portugueses mantenían una rivalidad constante por el acceso al comercio. Esta expedición estaba dirigida por Francisco de Almeida, que había sido nombrado virrey de la India portuguesa.

Las experiencias de navegación de Magallanes llegarían a tener más actividad bélica que muchas de las expediciones portuguesas anteriores, que eran en su mayoría de carácter exploratorio y no se ocupaban mucho de la lucha por la supremacía comercial.

---

[90] Zweig, S. *Magellan: Conqueror of the Seas*. 2019.

En febrero de 1509, Magallanes participaría en una batalla naval en el mar de Arabia, cerca del puerto de Diu, en la India[91]. Los portugueses se esforzaron contra sus rivales musulmanes, que eran el reino de Calicut, el sultanato mameluco y el sultanato de Gujarat. Calicut había sido un enemigo de Portugal desde el principio, cuando Vasco da Gama llegó allí e intentó conseguir un acuerdo comercial. Esta batalla duró tres días, y al final los portugueses salieron victoriosos. La victoria les dio la supremacía naval sobre la mayor parte del océano Índico, lo que significó que sus esfuerzos comerciales podían continuar.

En 1511, Magallanes formó parte de la expedición del general Afonso de Albuquerque a Malaca[92]. Malaca era una ciudad costera que aún no estaba bajo control portugués y, por tanto, era un objetivo para el control comercial total de la zona. La flota de Albuquerque, compuesta por 22 barcos, consiguió derrotar a Malaca, pero tardó seis semanas en hacerlo. Esta victoria fue importante para Portugal, que ahora tenía el estrecho de Malaca y controlaba el acceso a los puertos malayos. La captura de Malaca fue una nueva victoria para Portugal, y Magallanes recibió un ascenso y fue recompensado con los bienes saqueados en el conflicto.

En 1513, Magallanes partió de Lisboa en una expedición dirigida por Jaime, duque de Braganza[93]. Esta flota se dirigía a Azamor (Azemmour), que estaba bajo el control de los marroquíes. El rey Manuel I de Portugal envió la flota en respuesta a la negativa del gobernador Moulay Zayam a pagar a Portugal los derechos de vasallaje que pagaba desde 1486. El 1 de septiembre de 1513, los portugueses tomaron la ciudad sin resistencia alguna por parte de los marroquíes.

---

[91] Britannica.com.
[92] Ibíd.
[93] Infobase Publishing, *Ferdinand Magellan -Facts On File*. 2009.

Magallanes cayó en desgracia con el rey Manuel I en algún momento. Había recibido una lesión en la pierna y se había retirado del servicio sin haber pedido permiso. Además, Magallanes había solicitado repetidamente un aumento de las recompensas o de las pensiones al rey, quien había rechazado cualquier aumento. También existía el rumor que Magallanes había vendido parte del botín de guerra a los enemigos de Portugal después de tomar Azamor. Magallanes buscó el apoyo del rey para una expedición a las islas de las Especias, pero también se le negó.

Magallanes abandonó Portugal y viajó a España, donde, junto con el cosmógrafo portugués Rui Faleiro, se dirigió a Valladolid para solicitar una audiencia con el rey Carlos I de España, que más tarde se convertiría en el emperador del Sacro Imperio Romano Germánico. Ambos se ofrecieron a navegar al oeste de las islas de cabo Verde, que pertenecían a Portugal, para demostrar que las islas de las Especias eran en realidad parte de los territorios de propiedad española y no portuguesa. También propusieron una ruta comercial fructífera para España. Había una teoría entre algunos de que encontrar un paso por el oeste significaba que los españoles podrían llegar a su destino sin tener que lidiar con los portugueses en el cabo de Buena Esperanza. La propuesta de Magallanes, de tener éxito, supondría una ruta totalmente española para el comercio, a la que incluso se podrían añadir nuevas tierras que se descubrieran por el camino. A diferencia del rey Manuel I de Portugal, el joven rey Carlos I de España estaba de acuerdo. Dio su aprobación a Magallanes el 22 de marzo de 1518, y accedió a proporcionar la mayor parte de la financiación necesaria para la expedición[94].

Fueron muchos los que no vieron con buenos ojos la nueva expedición de Magallanes. En primer lugar, muchos en España se opusieron a que una misión tan importante fuera encomendada a un no español. Magallanes encontró dificultades en la preparación de su viaje cuando Juan Rodríguez de Fonseca, que estaba a cargo de la

---

[94] Aretha, D., *Magellan: First to Circle the Globe*. 2009.

Casa de Comercio de España, intentó retener los servicios. Esto provocó retrasos en la expedición y, al final, hizo que Magallanes perdiera a su capitán segundo portugués elegido, Faleiro. Fonseca sustituyó al capitán segundo por un oficial español de su elección.

La flota de Magallanes estaba compuesta por cinco barcos tripulados por unos 270 hombres, en su mayoría españoles y portugueses. Llevaban provisiones suficientes para viajar durante dos años. Las naves que realizaban el viaje eran la *Trinidad*, que era el buque insignia, el *San Antonio*, la *Concepción*, la *Victoria* y el *Santiago*. Los barcos se prepararon en Sevilla, donde Magallanes se había casado con la hija de un funcionario sevillano en 1517[95]. Los barcos no eran los que Magallanes habría elegido para su expedición, pero eran los que le habían dado. No estaban en las mejores condiciones y eran más viejos de lo que le gustaba.

Sin embargo, el 20 de septiembre de 1519, los barcos y la expedición estaban finalmente listos para partir, y zarparon de Sanlúcar de Barrameda. Navegaron hacia las islas Canarias y llegaron a Tenerife el 26 de septiembre de 1519, donde descansaron unos días antes de partir hacia Brasil el 3 de octubre de 1519[96]. Aunque se encontraron con algunas tormentas, pasaron el ecuador y cruzaron el Atlántico sin pérdidas. Llegaron a Río de Janeiro, en Brasil, el 13 de diciembre de 1519[97].

Magallanes dirigió la expedición e intentó localizar el estrecho que buscaban para su ruta comercial. El 31 de marzo de 1520, las naves estaban en Puerto San Julián, en Argentina. Los capitanes españoles, Juan de Cartagena, Gaspar de Quesada y Luis Mendoza, intentaron liderar un motín contra Magallanes, pero no lo consiguieron, ya que Magallanes logró una resolución. Al hacerlo, obligó a Cartagena a bajar de su barco a la orilla para quedarse allí y decapitó a Quesada. Mendoza había muerto en el intento de motín. Los demás implicados

---

[95] "Ferdinand Magellan". *Encyclopedia Britannica*.
[96] Oliveira, Fernão, The Voyage of Ferdinand Magellan. 2002.
[97] Ibíd.

fueron encadenados y sometidos a trabajos forzados. Con la flota de nuevo bajo control, Magallanes zarpó de San Julián el 24 de agosto de 1520[98].

El *Santiago* sucumbió a una tormenta durante el invierno, pero afortunadamente no se perdieron hombres. Las naves restantes siguieron buscando la ruta hacia el océano Pacífico, y finalmente encontraron un estrecho que permitía el paso. Magallanes lo bautizó como estrecho de Todos los Santos porque entraron en él el día de Todos los Santos (1 de noviembre). Más tarde, se rebautizaría como estrecho de Magallanes. Otro barco, el *San Antonio*, se perdió de la flota durante la exploración de este estrecho cuando su tripulación desertó de la expedición y regresó a España. Desgraciadamente, la tripulación del *San Antonio* se llevó muchos de los suministros con los que contaban los otros barcos. Sin embargo, el resto de las naves siguieron adelante, y más tarde, en noviembre, se encontraban en el océano Pacífico, que fue nombrado por Magallanes.

Como la navegación en esta zona era nueva, Magallanes no se dio cuenta de que el viaje a Asia sería tan largo, ya que les llevaría más de tres meses hacer el viaje en lugar de los meros días que esperaba. Por ello, la flota sufrió el agotamiento de los alimentos y el agua, y una treintena de hombres murieron de escorbuto antes de llegar finalmente a Guam el 6 de marzo de 1521[99]. Desgraciadamente, los nativos no se mostraron receptivos con los recién llegados. Abordaron sus barcos y se llevaron lo que quisieron. Magallanes respondió enviando hombres a la isla para tomar represalias y recuperar sus bienes.

Los barcos tuvieron una mejor acogida cuando llegaron a Filipinas el 16 de marzo de 1520. No solo pudieron descansar y reabastecerse de alimentos, sino que Magallanes se hizo amigo de los líderes de la isla de Limasawa y comenzó a promover el cristianismo. En dos semanas, colocaron una cruz y empezaron a convertir a los nativos. El

---

[98] Ibíd.
[99] Ibíd.

21 de abril de 1520, cuando los hombres de Magallanes intentaron hacerse cargo por la fuerza de la isla de Mactan, cuya población nativa se resistía a la conversión, se encontraron con que los habitantes estaban dispuestos a luchar antes que aceptar esta religión extranjera[100]. Los europeos no solo perdieron este agresivo intento de tomar el mando, sino que el propio Magallanes murió en la lucha.

La flota, que se sucedería en su camino de vuelta a casa, dejaría las Filipinas y llegaría a las Molucas (Maluku) en noviembre de 1521[101]. Intentaron partir hacia España en diciembre, pero solo una de las dos naves restantes estaba realmente en condiciones de navegar en ese momento, por lo que la *Victoria* fue la única nave que quedó de la expedición cuando finalmente zarpó hacia casa. Llegó a España el 6 de septiembre de 1522, casi cuatro años después del inicio de la expedición. Quedaban menos de veinte hombres de la tripulación[102].

---

[100] Zweig, S., Magellan: Conqueror of the Seas. 2019.
[101] Kurniawan, Y. *The Politics of Securitization in Democratic Indonesia*. 2017.
[102] Levinson, N. *Magellan and the First Voyage Around the World*. 2001.

Capítulo 12 - Juan Caboto

Juan Caboto (Giovanni Caboto) nació en Italia hacia 1450[103]. Se trasladó a Venecia ya en 1461 y se convirtió en ciudadano de allí en 1476, lo que significaba que aceptaba pasar al menos quince años en la ciudad[104]. En su trabajo para una empresa mercantil fue enviado con frecuencia a los grandes centros comerciales del Mediterráneo. Así, aprendió a navegar y adquirió habilidades y técnicas que le servirían más tarde para la exploración.

Existen registros que indican que Caboto participó en la construcción de casas en Venecia. Sin embargo, Caboto no tuvo éxito en sus finanzas y, tras endeudarse mucho, abandonó Venecia en 1488 y se trasladó a España. Allí hizo una propuesta a la ciudad para mejorar su puerto, pero no la aceptaron. En 1494 se trasladó a Sevilla. Allí hizo una propuesta a la ciudad para construir un puente. Esta vez, consiguió el contrato y trabajó en el proyecto de construcción durante cinco meses antes de que fuera cancelado. Después de esto, Caboto comenzó a buscar apoyo para una expedición oceánica al Nuevo Mundo, y al año siguiente trasladó a su familia a Inglaterra[105]. Recibió la autorización del rey Enrique VII para realizar un viaje de

---

[103] Roberts, S., *John Cabot*. 2013.
[104] "John Cabot". *Encyclopedia Britannica*.
[105] Hunter, D., *Race to the New World*. 2012.

exploración. Para entonces, ya se había informado de los descubrimientos de Cristóbal Colón, y Caboto ofreció una oportunidad para que Gran Bretaña formara parte de la fiebre por descubrir nuevos lugares. Caboto debía regresar a Bristol con mercancías de cualquier lugar nuevo que encontrara y establecer un monopolio comercial. La carta del rey a Caboto decía:

> "Plena y libre autoridad, facultad y poder para navegar a todas las partes, regiones y costas del mar oriental, occidental y septentrional, bajo nuestros estandartes, banderas y enseñas, con cinco naves o embarcaciones de cualquier carga y calidad que sean, y con tantos y con los marineros y hombres que quieran llevar consigo en dichas naves, a sus propias costas y cargos, para encontrar, descubrir e investigar cualesquiera islas, países, regiones o provincias de paganos e infieles, en cualquier parte del mundo que se encuentre, que antes de este tiempo eran desconocidos para todos los cristianos"[106].

Caboto partió de Bristol en 1496 con un barco[107]. Sin embargo, su viaje no tuvo éxito, y se volvió a Inglaterra muy pronto debido al mal tiempo, a la escasez de provisiones y a los desacuerdos con su tripulación. Caboto se reagrupó y partió de nuevo en mayo de 1497, de nuevo con un solo barco y una pequeña tripulación de dieciocho hombres[108]. Atravesaron el océano y, el 24 de junio de 1497, John Caboto llegó a lo que hoy es Canadá[109]. No está claro dónde desembarcó por primera vez, y se discute si fue en Labrador, Terranova, la isla de Cabo Bretón o incluso Nueva Escocia. Su desembarco figura en la crónica de Bristol:

---

[106] Childs, D., Tudor Sea Power: The Foundation of Greatness. 2009.
[107] Archibald, M., *Across the Pond: Chapters from the Atlantic*. 2000.
[108] Ibíd.
[109] Britannica Student Encyclopedia, 2014.

"Este año, el día de San Juan Bautista [24 de junio de 1497], la tierra de América fue encontrada por los mercaderes de Bristow en un barco de Bristowe, llamado Mathew; el cual dijo que el barco partió del puerto de Bristowe, el segundo día de mayo, y volvió a casa el 6 de agosto siguiente[110]".

Caboto reclamó esta tierra para el rey Enrique VII de Inglaterra, y colocó allí tanto la bandera de Inglaterra como la de Venecia en reverencia a su ciudadanía. Caboto y sus hombres observaron que la zona parecía estar habitada, pero no se encontraron con ninguna persona. Continuaron a lo largo de la costa, y Caboto dio nombres a los lugares que avistaron. Aunque su mapa de estos lugares puede no coincidir con los mapas modernos, se encontraban en la zona general de lo que hoy se conoce como estrecho de Caboto, situado entre Terranova y la isla de cabo Bretón. Estos lugares probablemente incluían lo que llegaría a conocerse como el cabo Norte, la isla de San Pablo, el cabo Ray, San Pedro y Miquelón y el cabo de la Raza. Caboto y sus hombres hicieron la mayor parte de sus exploraciones a bordo de su barco, y muchos de sus descubrimientos tuvieron lugar después de haber dado la vuelta para navegar de vuelta.

Cuando Caboto regresó a Bristol el 6 de agosto de 1497, viajó a Londres para informar directamente al rey Enrique VII[111]. Explicó lo que había descubierto y, basándose en su estancia en el Nuevo Mundo, informó de que el clima era templado y que había buenas tierras. Dijo que la pesca era tan abundante que Inglaterra ya no necesitaría pescado de Islandia con esta nueva y abundante cosecha a su disposición. Al igual que los otros exploradores que llegaron por primera vez a América del Norte, él también creía haber navegado hasta las Indias Orientales y propuso que, para su segundo viaje, navegara más allá de su primer lugar de desembarco y llegara a Japón.

---

[110] McNeill-Ritchie, S. *Historic England: Bristol: Unique Images from the Archives of Historic England.* 2018.
[111] Schwartz, S., *Putting "America" on the Map.* 2007.

Caboto recibió una nueva autorización del rey el 3 de febrero de 1498 y pronto emprendió su segundo viaje[112]. Se cree que tenía hasta cinco barcos y doscientos hombres para esta segunda expedición, así como telas para comerciar. No se sabe con exactitud qué les ocurrió a los barcos de Caboto, pero se cree que se encontraron con una terrible tormenta. Existen pruebas de que uno de los barcos llegó a Irlanda. Como no se sabe nada de Caboto, se supone que murió en el mar en 1499[113]. Sin embargo, el primer viaje de Caboto fue el que inició la reclamación de Inglaterra de las tierras norteamericanas.

---

[112] Potter, P., *Explorers and Their Quest for North America*. 2018.
[113] Anderson, Z., *John Cabot: Searching for a Westward Passage to Asia*. 2004.

Capítulo 13 - Las leyes de Burgos

Las leyes de Burgos fueron promulgadas por el rey Fernando II de Aragón en 1513 como forma de controlar el comportamiento, a menudo violento y explotador, de los españoles al otro lado del océano Atlántico. Se cree que la creación de estas leyes es el legado de Fray Antonio de Montesinos, que pronunció su primer sermón el 21 de diciembre de 1511 (conocido como "el sermón de Navidad"), abogando por la justicia para los pueblos indígenas[114]. La promulgación de estas leyes estaba destinada a la isla de La Española, que comprende las naciones modernas de la República Dominicana y Haití.

El siguiente es un extracto de la legislación formal de las leyes de Burgos:

> Considerando que por larga experiencia se ha visto que nada ha bastado para llevar a los dichos caciques e indios al conocimiento de nuestra Fe (necesaria para su salvación), ya que por naturaleza son inclinados a la ociosidad y al vicio, y no tienen ninguna manera de virtud ni de doctrina (por la que se desvirtúa a Nuestro Señor), y que el principal obstáculo para corregir sus vicios y hacerles aprovechar e inculcarles una doctrina es que sus

---

[114] Pastro, Vincent J. *Enflamed by the Sacramental World.* 2010.

moradas están alejadas de los asentamientos de los españoles que van de allí a residir en la dicha isla, porque, aunque al tiempo que los indios van a servirles se les adoctrina y enseña las cosas de nuestra Fe, después de servir vuelven a sus moradas donde, por la distancia y por sus propias malas inclinaciones, olvidan inmediatamente lo que se les ha enseñado y vuelven a su acostumbrada ociosidad y vicio, y cuando vienen a servir de nuevo son tan nuevos en la doctrina como lo eran al principio, porque, aunque el español que los acompaña a su pueblo, como allí se ordena, se lo recuerda y reprende, ellos, no teniendo ningún temor de él, no aprovechan y le dicen que los deje en la ociosidad, ya que esa es su razón para volver a su dicho pueblo, y que su único propósito y deseo es hacer con ellos lo que quieran, sin tener en cuenta ninguna virtud, y,

Considerando que esto es contrario a nuestra Fe, y, siendo nuestra determinación sacar a los dichos indios y hacerlos habitar cerca de los españoles, ordenamos y mandamos que las personas a quienes se les da o se les dará los dichos indios en encomienda, construyan de una vez y sin dilación, por cada cincuenta indios, cuatro bohíos de treinta por quince pies, y hagan plantar a los indios 5.000 montes (3.000 de yuca y 2.000 de ñame), 250 plantas de pimienta y 50 de algodón, y así sucesivamente, aumentando o disminuyendo la cantidad según el número de indios que tengan en encomienda, y estos se asentarán junto a las haciendas de los españoles que los tengan en encomienda, bien situados y alojados, y bajo la mirada de vos, nuestro dicho Almirante [Diego Colón, hijo de Cristóbal Colón] y de los jueces y oficiales, y de nuestro visitador que se encargará de ello, o de la persona que vosotros, nuestro dicho Almirante y los jueces y oficiales, enviaréis para el dicho fin, y él, os encargo y mando, será el que sea competente en esta materia.

Hecho lo anterior, ordenamos y mandamos que todos los caciques e indios que habitan en la isla Española, ahora o en el futuro, sean llevados desde sus actuales moradas a los pueblos y comunidades de los españoles que residen, ahora o en el futuro, en la dicha isla;

Asimismo, ordenamos y mandamos que en el plazo de dos años [desde la publicación de esta ordenanza] los hombres y mujeres vayan vestidos.

Dado en la Ciudad de Valladolid, a 28 de julio de 1513[115].

La intención del rey Fernando II de Aragón era asegurar dos cosas. En primer lugar, quería asegurarse de que los pueblos indígenas del Nuevo Mundo recibieran un trato que él consideraba humano y, en segundo lugar, quería asegurarse de que estos mismos pueblos se dedicaran a lo que él consideraba una porción razonable de trabajo. Los nativos, aparentemente acostumbrados a su propio sistema de trabajo y descanso, se oponían en general a trabajar largas horas en las minas o a realizar tareas rudimentarias para los españoles, que los habían capturado o "comprado". Para resolver un sinfín de problemas en las colonias, Fernando declaró que los nativos debían ser alojados, vestidos y puestos a trabajar en un horario. Se esperaba que plantaran huertos para ellos, para lo cual las leyes de Burgos tenían requisitos muy específicos.

Esencialmente, la aprobación de estas leyes sobre los pueblos de La Española los condenó políticamente a no volver nunca a la forma de vida en la que habían nacido. Para España, sin embargo, seguramente parecía la más responsable y caritativa de las acciones. Aunque muchas de las leyes se cumplieron, la legislación no puso fin a la explotación económica y a la violencia física contra los nativos americanos.

---

[115] "1512-1513, Laws of Burgos". Extraído de http://faculty.smu.edu/bakewell/BAKEWELL/texts/burgoslaws.html.

Capítulo 14 - Jacques Cartier

Jacques Cartier fue un explorador francés nacido en 1491 en Bretaña[116]. Cartier se convirtió en marino, y se cree que sus primeros años de carrera consistieron principalmente en la navegación a lo largo de la costa francesa, así como a Brasil como marinero general antes de ser ascendido a oficial. En 1520, se casó con una prominente familia francesa al tomar como esposa a María Catalina des Granches[117]. Estas conexiones familiares influyeron en su ascenso al favor del rey Francisco I, quien le puso al frente de las expediciones por las que sería conocido. En 1532, Bretaña y Francia se unieron, y la política de la época hizo que Cartier fuera una elección favorable del rey Francisco I para dirigir las exploraciones tras la muerte de Giovanni da Verrazano, un italiano al servicio de Francia[118].

En 1534, Jacques Cartier se embarcó en su primer viaje como responsable. Buscaba un paso hacia Asia rodeando o atravesando de alguna manera el Nuevo Mundo (entonces llamado tierras del norte). Por supuesto, como en todas las demás exploraciones, se esperaba encontrar oro, especias y otros objetos de valor en el camino.

---

[116] Greene, M. *Jacques Cartier: Navigating the St. Lawrence River.* 2004.
[117] Stein, S. *The Sea in World History.* 2017.
[118] Wilson, Neil. *Brittany.* 2002.

La expedición de Cartier partió el 20 de abril de 1534 de Saint-Malo, Francia[119]. Tenía dos barcos y 61 hombres a su cargo. Veinte días después, Cartier y sus hombres llegaron a las costas de lo que se conocería como Canadá. Navegaron hasta lo que hoy es Terranova y luego navegaron hacia el norte para explorar antes de recorrer la costa hacia el sur. A lo largo de la costa occidental de Terranova, Cartier descubrió la isla del Príncipe Eduardo, e incluso navegó por el golfo de San Lorenzo hasta su desembocadura en la isla de Anticosti (Île d'Anticosti).

Durante este viaje, Cartier se encontró con algunos lugareños e hizo algunos pequeños intercambios comerciales. El 24 de julio de 1534, erigió una cruz en la orilla sur del río San Lorenzo, en Gaspé, para reclamar la tierra para el rey de Francia[120]. Los iroqueses que encontró allí no apreciaron su reclamación de tierras, y cuando capturó a dos de los hijos de Donnacona, que era su jefe, surgieron tensiones. El líder iroqués finalmente accedió a permitir que Cartier se llevara a sus hijos, pero solo a condición de que volviera con productos comerciales.

Cartier tomó a sus dos hombres capturados y se dirigió a Francia, donde regresó sano y salvo el 5 de septiembre de 1534[121]. Llamó a estos hombres "indios" porque pensaba que había llegado a Asia en su viaje. Llamó Kanata a la nueva tierra que había encontrado, de donde probablemente procede el nombre de Canadá, ya que los nativos explicaron que "kanata" era lo que llamaban a un asentamiento.

El rey quedó realmente impresionado por el informe de Cartier sobre lo que había encontrado en las tierras del norte, e inmediatamente le encargó un segundo viaje para explorar más a fondo las nuevas tierras. Para el segundo viaje, Jacques Cartier recibió tres barcos y 110 hombres para tripularlos.

---

[119] Reindeau, R., *A Brief History of Canada*. 2007.
[120] Chaves, K. y Walton, O., *Explorers of the American East: Mapping the World through Primary Documents*. 2018.
[121] Trudel, M., *The Beginnings of New France 1524 - 1663*. 2016.

El segundo viaje de Cartier partió el 19 de mayo de 1535[122]. Esta vez, al llegar al río San Lorenzo, se dirigió río arriba. Allí se encontró con el jefe Donnacona en el asentamiento iroqués de Stadacona, y Donnacona se reunió con sus dos hijos, que trajeron historias de sus viajes y de su estancia en Francia.

Una vez allí, Cartier ancló dos de los tres barcos y navegó el más pequeño río arriba hasta Hochelaga, que más tarde se llamaría Montreal. Descubrió con satisfacción que Hochelaga era un lugar vibrante, y su barco fue recibido por más de mil habitantes. Sin embargo, el viaje no pudo continuar por ese rumbo porque había rápidos. Los llamaron los rápidos de la China porque seguían pensando que estaban muy cerca de Asia. Cartier se enteró por los lugareños de que había ríos que llevaban hacia el oeste, donde se podían encontrar metales y especias. En octubre de 1535, Cartier se dirigió río abajo hacia Stadacona[123].

Al llegar el invierno, los ríos empezaron a congelarse y Cartier decidió que tendrían que establecerse allí hasta la primavera antes de poder regresar a Francia. Cartier y sus hombres construyeron un fuerte y se prepararon para el invierno recogiendo leña y aprovisionándose de víveres. Cazaron y pescaron y salaron la carne para conservarla. A mediados del invierno, los hombres de Cartier estaban todos enfermos de escorbuto y seguramente habrían muerto si no fuera porque Domagaya, uno de los hijos de Donnacona, compartió el conocimiento de su bebida de abeto. En pocos días, los 85 hombres restantes volvieron a sentirse bien. Curiosamente, los iroqueses habían enfermado en Hochelaga, donde Cartier observó que cincuenta de ellos habían muerto, y culparon a los franceses de ello. Así, las relaciones entre los franceses y los iroqueses fluctuarían.

---

[122] Petrie, K., *Jacques Cartier*. 2010.
[123] Chaves, K. y Walton, O., *Explorers of the American East: Mapping the World through Primary Documents*. 2018.

En la primavera, una vez que los barcos fueron liberados del hielo en el deshielo de mayo de 1536, Cartier y sus hombres se prepararon para regresar a Francia[124]. Cartier pidió a Donnacona que volviera a Francia con él, ya que esperaba que el jefe pudiera convencer al rey Francisco I de todas las riquezas que quedaban por descubrir en el Nuevo Mundo. Lo llamó el "Reino del Saguenay" y pensó que encontrarían oro y otros objetos de valor más al norte de donde ya habían viajado. Pero Donnacona rechazó la oferta, por mucho que Cartier insistiera. Donnacona cedió ofreciendo a los franceses un regalo de cuatro niños para que se los llevaran. Sin embargo, Cartier no se conformó con esto y, al final, secuestró al jefe de todos modos.

El 15 de julio de 1536, Cartier y sus barcos llegaron a Francia[125]. Aunque el rey quedó debidamente impresionado con las historias de Cartier y Donnacona y con la promesa de riquezas que vendrían en otro viaje, ese tercer viaje no comenzaría hasta mayo de 1541. En ese momento se libraba una guerra en Europa, lo que contribuyó a retrasar la siguiente expedición de Cartier. Durante ese periodo, los objetivos del viaje cambiaron, y se decidió que los franceses enviarían cientos de personas para poblar un asentamiento allí. En cuanto a Donnacona, al que se le había prometido el pasaje de vuelta a casa, murió en Francia en 1539[126].

Cartier no estaba completamente a cargo de este tercer viaje. Como ahora se había convertido en un viaje de colonización, Jean-François de La Rocque de Roberval fue nombrado primer teniente general del Canadá francés y se le dio la dirección de la expedición. Cartier sería el navegante principal del viaje. Sin embargo, Cartier zarparía antes que Roberval, ya que este esperaba los suministros y la artillería que acompañarían el viaje. El 23 de mayo de 1541, Cartier inició su tercer viaje a Canadá[127]. Esta vez contaba con cinco barcos y la misión era doble. En primer lugar, Cartier quería encontrar el

---

[124] Macauley, J., *Stirring Stories of Peace and War by Sea and by Land*. 1885.
[125] Emory, K. y Uchupi, E., *The Geology of the Atlantic Ocean*. 1984.
[126] "Cartier and Donnacona", Elementary School Resources. *Le Canada*. Web.
[127] McCoy, R., *On the Edge: Mapping North America's Coasts*. 2012.

"Reino de Saguenay", junto con las riquezas que se pensaba que había allí, y el segundo objetivo del viaje era hacer un asentamiento en el río San Lorenzo.

Cartier y sus hombres establecieron la nueva colonia. Al principio anclaron en Stadacona, pero decidieron establecerse más arriba, en lo que hoy se llama Cap-Rouge, en Quebec. Llamaron a su asentamiento Charlesbourg-Royal. Se dedicaron a construir una fortificación y a trabajar la tierra para cultivar hortalizas. También empezaron a recoger los diamantes y el oro encontrados en su nuevo asentamiento para enviarlos a Francia.

Con el trabajo de asentamiento en orden, Cartier viajó a Hochelaga, donde pretendía continuar su búsqueda de Saguenay. Se encontró con un clima que lo retrasó y descubrió que los rápidos del río Ottawa no podían ser navegados. Cartier regresó al asentamiento desanimado y descubrió que las relaciones entre los colonos y los iroqueses se habían degradado.

Cartier decidió finalmente abandonar el asentamiento en junio de 1542[128]. Roberval y sus provisiones aún no le habían alcanzado. Pero Cartier cargó dos barcos con los diamantes y el oro del asentamiento y se dirigió a Francia con las riquezas. Se encontró con Roberval en su salida al mar, en la costa de Terranova, y este le ordenó volver al asentamiento. Sin embargo, Cartier desobedeció la orden y partió hacia Francia por la noche.

Desgraciadamente, cuando Jacques Cartier llegó a Francia en octubre, se enteraría de que los diamantes y el oro por los que habían abandonado su misión para llevarlos al rey ni siquiera eran tesoros. Los diamantes eran en realidad cuarzo, y el oro resultó ser simplemente pirita de hierro (oro de los tontos).

---

[128] Carpenter, R. *"Times are Altered with Us": American Indians from First Contact to the New Republic.* 2015.

Sin embargo, De Roberval intentó completar la misión en Charlesbourg-Royal, pero el invierno fue muy difícil, y muchos perecieron por el frío y el escorbuto. Con la enfermedad, el frío y las crecientes tensiones con los nativos, él también abandonaría la misión en la primavera siguiente y regresaría a Francia.

La parte de Jacques Cartier en la Era de los Descubrimientos había terminado. Aunque descubrió Canadá y fue el primero en explorar y cartografiar lo que más tarde se convertiría en el bastión de Francia en América del Norte, no descubrió una ruta hacia Asia y tampoco creó un asentamiento permanente en el Nuevo Mundo. Después del tercer viaje de Cartier, Francia no se aventuraría a cruzar el océano hacia el Nuevo Mundo durante muchos años.

Capítulo 15 - Francisco Vázquez de Coronado

Como muchos de los exploradores y conquistadores de la época a los que se les otorgaron altos cargos en la Era de los Descubrimientos, Francisco Vázquez de Coronado era de familia noble. Nació en 1510 en España[129]. Su padre era administrador del primer gobernador español del Emirato de Granada, que había sido el último reducto de los moros antes del control español y castellano. Como Francisco no era el primer hijo, no iba a heredar mucho, por lo que estaba más interesado en hacer su propia fortuna. Con las exploraciones de la época, a menudo se hacía fortuna en el Nuevo Mundo.

En 1535, Francisco Vázquez de Coronado se embarcó hacia la Nueva España (actual México)[130]. Iba con su amigo Antonio de Mendoza, que sería el primer virrey de la zona. Vázquez de Coronado se casó bien en Nueva España, ya que su esposa, doña Beatriz, era hija del tesorero de la colonia. De Coronado era considerado un hombre de confianza dentro del cuerpo gobernante, y en 1538 se le dio el cargo de gobernador de Nueva Galicia.

---

[129] Uhl, X.M. *Francisco Vázquez de Coronado: First European to Reach the Grand Canyon.* 2016.
[130] Flint, R. y Flint, S. *The Coronado Expedition: From the Distance of 460 Years.* 2003.

Los españoles siguieron explorando desde donde se establecieron en Nueva España. Los rumores de ciudades de oro interesaban mucho a los conquistadores, y Coronado estaba ansioso por explorar más allá de la provincia mexicana que gobernaba. Entre 1540 y 1542, Coronado dirigió expediciones hacia el norte de lo que más tarde se convertiría en Estados Unidos[131]. Siempre iba en busca de oro y otros materiales preciosos. En estas expediciones, los españoles conocieron a muchos de los pueblos nativos que habitaban las zonas que exploraban.

Cuando Coronado partió en busca de los tesoros del Nuevo Mundo, llevó consigo una enorme expedición. El grupo incluía trescientos soldados españoles y hasta mil nativos (algunos eran esclavos), así como rebaños enteros de ganado, ovejas y cerdos.

En julio de 1540, Coronado llegó a un asentamiento zuni y se reunió con sus habitantes[132]. Los zuni ya se habían encontrado con exploradores españoles cuando Cabeza de Vaca dirigió un grupo más pequeño en la zona un año antes. Los zuni habían matado a Estevanico, un explorador marroquí que había formado parte de la expedición de Vaca y que es conocido como el primer explorador africano de Norteamérica. Según le explicaron a Coronado, Estevanico había sido demasiado atrevido con sus mujeres y les había exigido turquesa.

Desgraciadamente, Coronado llegó al asentamiento zuni en un momento inadecuado para los zuni, ya que estaban en medio de sus ceremonias tradicionales del verano. Además del mal momento, Coronado pasó a dar al pueblo zuni el discurso exigido por la Corona española de que ahora debían adoptar la religión católica y convertirse en súbditos de España. Se les dijo que si no lo hacían, habría una guerra y que, tras su derrota, se convertirían en esclavos de los españoles. El documento que los españoles leyeron a los pueblos que conquistaron se llamaba "El Requerimiento". Fue escrito por Juan

---

[131] Woodworth, S. *United States History: 1500 to 178 Essentials*. 2015.
[132] Bloom, L.B. y Walter, P.A., *New Mexico Historical Review*. 1971.

López de Palacios Rubios en 1513 para el rey Fernando II[133]. El protocolo consistía en leer todo el documento, que era bastante largo y detallado, en voz alta a los nativos. Sin embargo, el documento se leyó en español, que, por supuesto, los nativos no hablaban. En él se explicaban los fundamentos de las creencias cristianas y se explicaba que se les instaba a convertirse inmediatamente al catolicismo.

Varios sitios han publicado El Requerimiento, y lo que sigue es una pequeña sección de uno de ellos:

> "Pero, si no lo hacéis, y maliciosamente os retrasáis en ello, os certifico que, con la ayuda de Dios, entraremos poderosamente en vuestro país, y os haremos la guerra de todos los modos y maneras que podamos, y os someteremos al yugo y a la obediencia de la Iglesia y de sus Altezas; os tomaremos a vosotros y a vuestras mujeres y a vuestros hijos, y los haremos esclavos, y como tales los venderemos y dispondremos de ellos como sus Altezas manden; y os quitaremos vuestros bienes, y os haremos todo el mal y daño que podamos, como a los vasallos que no obedecen, y se niegan a recibir a su señor, y le resisten y contradicen; y protestamos que las muertes y pérdidas que de ello se deriven sean culpa vuestra, y no de sus Altezas, ni de las nuestras, ni de estos caballeros que vienen con nosotros. Y que os hemos dicho esto y hecho esta Requisición, pedimos al notario aquí presente que nos dé su testimonio por escrito, y pedimos a los demás presentes que sean testigos de esta Requisición"[134].

Los zuni no fueron receptivos a la recitación de este documento por parte de Coronado, lo entendieran o no, y comenzaron a disparar sus flechas contra los españoles. Sin embargo, los soldados a las órdenes de Coronado estaban mucho mejor equipados para luchar, y cuando entraron en el asentamiento en represalia, los zuni huyeron.

---

[133] Cowans, J., *Early Modern Spain: A Documentary History*. 2003.
[134] https://teachingamericanhistory.org/library/document/requerimiento/

La expedición se enemistó con los nativos y tampoco encontraron oro. Coronado dividió la expedición y envió grupos en diferentes direcciones para buscar más. Coronado dirigió un grupo para buscar la ciudad de Quivira, en lo que ahora es Kansas. Quivira era supuestamente una ciudad que contenía muchos tesoros. Coronado supo de esta rica ciudad por un nativo al que llamaban El Turco, que posiblemente inventó la historia con la esperanza de que los españoles se perdieran en su búsqueda por el desierto. En realidad, todo lo que la expedición encontró fue una simple aldea de nativos, posiblemente ocupada por el pueblo wichita.

Otro grupo enviado por Coronado llegó hasta el río Colorado y descubrió el Gran Cañón. La expedición de Coronado y sus subsiguientes grupos más pequeños recorrieron gran parte del Nuevo Mundo y se encontraron con muchas tribus nativas diferentes. Recorrieron lo que luego sería Colorado, Oklahoma, Kansas, Missouri, Nuevo México, Arizona y Arkansas. Ninguna de las partidas de exploradores encontró los tesoros y el oro que buscaban antes de regresar a México. A principios de la primavera de 1542, Coronado sufrió una grave lesión al caer de su caballo[135]. Fue allí, en Nuevo México, donde Coronado decidió que la expedición debía volver a casa.

A su regreso, Vázquez de Coronado retomó la gobernación de Nueva Galicia. Sin embargo, el virrey no estaba contento con la expedición de Coronado, y finalmente fue declarado culpable de los malos tratos a muchos de los nativos bajo su mando. Sus acciones, que provocaron una gran pérdida de nativos debido a sus enfrentamientos y a sus exigencias de alimentos y suministros a gente que tenía poco, fueron consideradas inaceptables por las autoridades españolas. Coronado logró escapar de cualquier castigo real porque los funcionarios a cargo eran sus amigos. Pero en 1544, Coronado fue

---

[135] Athearn, F.J., *Land of Contrast: A History of Southeast Colorado*. 1985.

enviado a la Ciudad de México y se le dio una posición mucho más baja en el gobierno municipal de allí[136].

Vázquez de Coronado permaneció en la Ciudad de México durante los siguientes diez años. Murió allí el 22 de septiembre de 1554, a causa de una enfermedad infecciosa[137].

---

[136] Flint, R., *Great Cruelties Have Been Reported: The 1544 Investigation of the Coronado Expedition*. 2013.
[137] Favor, L.J., *Francisco Vazquez de Coronado: Famous Journeys to the American Southwest and Colonial New Mexico*. 2003.

Capítulo 16 - Francis Drake

Francis Drake nació en West Devon, Inglaterra, alrededor del año 1540[138]. A los dieciocho años se alistó en la flota de la familia Hawkins, cuyo trabajo principal consistía en piratear barcos extranjeros frente a la costa de Francia. Aprendió bien el oficio de la familia Hawkins, centrada en Plymouth, y finalmente se trasladó a la costa africana y tomó el mando de su propio barco en 1568[139]. A partir de entonces, gran parte de los ingresos de Drake procedían de la recogida y venta de africanos secuestrados a colonos españoles en el Caribe.

A Drake le disgustaba que el Imperio español tuviera tanta influencia sobre sus ingresos, ya que sus monarcas insistían en regular el comercio de sus colonias del Nuevo Mundo y en confiscar cualquier contrabando. Las tensiones entre los exploradores ingleses y españoles eran ya muy fuertes, dada la constante tensión política de sus respectivos países, y Drake no fue el único que se vio envuelto en violentos enfrentamientos con ellos. El propio Drake se enfrentó a un barco español en las costas de México. Fue en San Juan de Ulúa donde Drake y su tripulación, que fueron sorprendidos comerciando ilegalmente, fueron atacados por un barco español. Drake logró

---

[138] "Sir Francis Drake". *Encyclopedia Britannica*. Web.
[139] Ibíd.

escapar con vida y regresó a Inglaterra en un pequeño barco con la intención de vengarse del rey español Felipe II.

El notable encuentro de Drake allanó el camino para una audiencia con la reina Isabel I, que estaba interesada en apoyar nuevas hazañas en el comercio por el Nuevo Mundo. En 1572, la reina le concedió una comisión de corsario que le otorgaba el derecho a piratear dentro de las tierras españolas, siempre y cuando la mayor parte de las ganancias fueran para la monarquía inglesa[140]. Deseoso de hacer uso de la comisión, Drake partió hacia América al mando de dos barcos, el *Pascha* y el *Swan*.

El objetivo principal de Drake era la ciudad de Nombre de Dios, en la actual Panamá, ya que era un asentamiento español vital lleno de bienes valiosos. Las tripulaciones de Drake atacaron tal como estaba previsto y se hicieron con una gran cantidad de plata, aunque Drake resultó herido y no logró conquistar la ciudad. Siguiendo adelante y cruzando la pequeña extensión de Panamá, este pirata legalizado fue quizás el primer inglés en ver el océano Pacífico.

Francis Drake regresó a Inglaterra con riquezas suficientes para la reina y para él mismo, haciéndose famoso y rico a la vez; sin embargo, la reina Isabel I había acordado una tregua con el rey Felipe II de España. El resultado del tratado, al menos para Drake, fue que la reina ya no podía aceptar abiertamente los tesoros que él había pirateado de los barcos españoles. Entendiendo que el tiempo de la piratería había terminado, al menos temporalmente, Drake se trasladó a Irlanda hasta 1577, que fue cuando dejó Gran Bretaña una vez más para liderar una expedición alrededor de Sudamérica para explorar el océano Pacífico[141].

El estrecho de Magallanes fue elegido como punto de entrada, cortando el extremo sur de Sudamérica, justo al sur de la actual Argentina y a través de la parte inferior de Chile. Esta expedición, respaldada por Isabel I con fines cartográficos y de reconocimiento,

---
[140] Ibíd.
[141] Ibíd.

fue sin embargo utilizada por Drake como otra misión de piratería. También existe la teoría entre algunos historiadores modernos de que la misión secreta de Drake durante este viaje era descubrir el lado occidental del tan debatido Paso del Noroeste. Este mítico pasaje, que comenzaba en el lado oriental de Norteamérica, en la vía marítima de San Lorenzo, habría permitido a los barcos cruzar el Nuevo Mundo por un camino acuático que se extendía a través de Canadá.

Aunque Drake volvió a contar con el permiso de la reina para destruir los barcos españoles enemigos y saquear las nuevas tierras, no se le concedió específicamente permiso para cometer piratería. En diciembre de 1577 zarpó con cinco barcos y una tripulación de doscientos hombres, llegando a Brasil en primavera y al estrecho de Magallanes el 21 de agosto de 1578[142]. Tardaron dieciséis días en navegar hacia el lado occidental y contemplar el océano Pacífico. Poco después se desató una tormenta y los barcos se separaron mientras luchaban contra los fuertes vientos. Tras buscar en vano a Drake, el segundo al mando del comandante, John Wynter, supuso que el *Pelican*, que más tarde fue rebautizado como *Golden Hind*, se había hundido, momento en el que el barco secundario dio la vuelta y regresó a Inglaterra.

Solos, con todos los demás barcos hundidos o de vuelta a casa, Drake y la tripulación del *Golden Hind* se dirigieron a la costa pacífica de Sudamérica. El suyo fue el primer barco inglés en esas aguas, y como tal, fue la única oposición a los numerosos barcos y pueblos españoles que encontró allí. Sin estar preparados para ataques sin precedentes en lo que habían sido aguas favorables a los españoles, los barcos españoles que encontró Drake fueron rápidamente dominados. En la ciudad de Valparaíso, Drake y su tripulación atacaron y saquearon los barcos de varios mercaderes españoles que pasaban por allí, llevándose lingotes de oro y plata, piedras preciosas, perlas y monedas españolas.

---

[142] "Sir Francis Drake". *Encyclopedia Britannica*. Web.

Cargado de tesoros, Drake viajó hasta Vancouver en busca de la abertura occidental del Paso del Noroeste antes de que un frío desbordante le obligara a dar la vuelta. Al no poder encontrar una vía de agua hacia el este, el *Golden Hind* se dirigió de nuevo hacia el sur, esta vez en busca de posibles tierras que pudieran ser útiles para Inglaterra. Cerca de la moderna ciudad de San Francisco, desembarcó y la encontró libre de españoles. Llamando a la región Nueva Albión, Drake la reclamó en nombre de la reina Isabel I antes de volver a subir a su barco y navegar de nuevo por el estrecho de Magallanes. Durante el año siguiente, el *Golden Hind* se desplazó hacia el este, evitando Europa para explorar las aguas de Asia y recoger bienes valiosos siempre que fuera posible.

Drake regresó a Inglaterra por el puerto de Plymouth el 26 de septiembre de 1580, con su barco tan lleno de tesoros y especias que su riqueza se consolidó para el resto de su vida. Sin embargo, aún más tesoros fueron a parar a las arcas de la reina Isabel I. La reina quedó tan impresionada con las hazañas de Drake que subió personalmente a bordo del *Golden Hind* y le concedió a Francis Drake el título de caballero; después se le conoció como Sir Francis Drake.

Capítulo 17 - Walter Raleigh y las dos colonias fracasadas

Walter Raleigh nació en East Devon, Inglaterra, en algún momento entre 1552 y 1554[143]. De joven, se sabe que participó en las guerras civiles de Francia, así como en la lucha contra la rebelión de Irlanda en 1579. La Corona inglesa le recompensó por ello y le concedió unos 42.000 acres de tierras irlandesas que habían sido confiscadas por los ingleses. Raleigh se convirtió en miembro del parlamento en 1584, y recibió el favor de la reina Isabel I[144]. Incluso le nombró caballero en 1585 y le proclamó gobernador de Virginia[145]. Enamorado por completo de la idea de una colonia inglesa en América, Raleigh vendió sus tierras irlandesas y se dedicó a recaudar dinero para la exploración.

En 1584, Sir Walter Raleigh obtuvo el permiso real para emprender una expedición al Nuevo Mundo y establecerse allí[146]. Su carta establecía que podía gobernar cualquier "tierra, país y territorio remoto, pagano y bárbaro, que no estuviera en posesión de ningún

---

[143] Bowling, T., *Pirates and Privateers*. 2008.
[144] Wallace, W.M., *Sir Walter Raleigh*. 2015.
[145] Moran, M., *Inventing Virginia: Sir Walter Raleigh and the Rhetoric of Colonization*. 2007.
[146] "Sir Walter Raleigh's Patent to Settle Virginia (1584)". *Encyclopedia Virginia*.

príncipe cristiano ni habitado por gente cristiana"[147]. La reina le dio siete años de plazo para establecer una colonia. Se esperaba que una fuerte presencia inglesa permitiera a los corsarios atacar a los barcos españoles frente a la costa y que se obtuvieran riquezas de la tierra recién colonizada. El propio Raleigh nunca navegó a América del Norte, sino que envió a otros para que se encargaran de la colonización.

En 1585, Raleigh pidió a Sir Ralph Lane, junto con Sir Richard Grenville, que era primo de Raleigh, que navegaran a las Américas e intentaran establecer una colonia. Zarparon de Plymouth el 9 de abril de 1585 con cinco barcos: el *Tiger*, el *Roebuck*, el *Red Lion*, el *Elizabeth* y el *Dorothy*[148]. El *Tiger* de Grenville se separó del resto de la flota cuando se encontró con una fuerte tormenta cerca de Portugal y se desvió del rumbo. Desembarcaron en lo que hoy es Puerto Rico y acamparon allí durante varias semanas antes de continuar hacia su destino.

Cuando el barco de Grenville llegó a la costa norteamericana en junio de 1585, encalló cerca de la isla de Wococon, frente a la costa de la actual Carolina del Norte, y se perdieron buena parte de sus provisiones, incluidos valiosos víveres[149]. Se pusieron a trabajar en la creación de un asentamiento en el lado norte de la isla de Roanoke, y Grenville dejó a Ralph Lane a cargo del mismo mientras él mismo navegaba de vuelta a Inglaterra en busca de más suministros. La colonia no fue un éxito. Lane no era bueno para comunicarse con los nativos, y hubo muchos desacuerdos. También hubo escasez de suministros necesarios y mal tiempo. Cuando llegó Sir Francis Drake con una flota, Lane y los colonos estaban dispuestos a abandonar sus esfuerzos y regresar con Drake a Inglaterra. Cuando Drake y Lane

---

[147] Chidester. D. y Linenthal, E. *American Sacred Spaces*. 1995
[148] Seelye, J. y Selby, S. *Shaping North America: From Exploration to the American Revolution*. 2018.
[149] Fullam, B. *The Lost Colony of Roanoke: New Perspectives*. 2017.

regresaron a Inglaterra a finales de julio de 1586, habían llevado de vuelta maíz, patatas y tabaco de América[150].

Grenville regresó con provisiones solo unas semanas después de que la colonia fuera abandonada, y decidió dejar a quince hombres en la isla de Roanoke para que mantuvieran su reclamo en la zona mientras él se aventuraba en busca del tesoro español.

El siguiente intento de establecer una colonia fue en 1587. Raleigh puso a John White al frente de este viaje de 115 colonos procedentes de Inglaterra, que se propusieron crear una colonia en la isla de Roanoke[151]. John White, el gobernador de este nuevo asentamiento, zarpó de vuelta a Inglaterra para reabastecer a los colonos el 25 de agosto de ese mismo año[152]. El resto de los colonos, incluidos la esposa y el hijo del propio White, se quedaron en el Nuevo Mundo para gestionar y construir su nuevo hogar.

White regresó tres años después, en 1590[153]. Se había retrasado cuando la reina Isabel I utilizó todos los barcos, incluido el de White, para la guerra entre Inglaterra y España. Para entonces no había ninguna señal de la colonia, salvo un poste de madera en el que estaba tallada la palabra "Croatoan". White creyó que eso indicaba que se habían trasladado a un lugar cercano con ese nombre, pero debido al mal tiempo, White no pudo investigar más. Así, el destino de los colonos sigue siendo desconocido. Dado que no existen relatos históricos de lo que ocurrió en esa colonia una vez que White partió en busca de más provisiones, es imposible saber con certeza qué pasó con los colonos, pero existen muchas teorías sobre lo ocurrido, como que los nativos los aniquilaron, que los colonos murieron de hambre o que se trasladaron a otra isla donde se mezclaron con los nativos de allí.

---

[150] Wagner, J. y Schmid, S.W. *Encyclopedia of Tudor England*. 2011.
[151] *Time-Life Mysteries of the Unknown: Inside the World of the Strange and Unexplained.* 2015.
[152] "John White". *Encyclopedia Britannica*.
[153] Wonning, P. *Colonial American History Stories - 1763 - 1769: Forgotten and Famous.* 2017.

Los esfuerzos de Sir Walter Raleigh por crear una colonia británica permanente en Virginia no tuvieron éxito, y no habría una hasta 1604, cuando Jamestown (James Port) fue establecida por la Compañía de Virginia de Londres.

El favor de Raleigh con la reina disminuyó cuando Isabel descubrió, en 1591 o 1592, que se había casado en secreto con una de sus damas de compañía, Elizabeth Throckmorton, sin haber obtenido antes su permiso[154]. Cuando la doncella se quedó embarazada, el secreto salió a la luz. Por esta transgresión, tanto él como su nueva esposa fueron encarcelados en la Torre de Londres. Raleigh pudo comprar su libertad.

En 1594, Raleigh se embarcó hacia Sudamérica en busca de la "Ciudad de Oro" de la que había oído hablar. Escribió sobre su búsqueda de oro y de esta ciudad, y su libro, *El descubrimiento de la Guayana*, se publicó en 1596[155]. Se considera que este relato exagerado es una de las razones por las que la leyenda de El Dorado se extendió tanto.

Raleigh acabó recuperando el favor de la reina Isabel cuando luchó contra la Armada española y capturó un barco del que obtuvieron importantes planos españoles. Sirvió como gobernador de las islas del Canal y fue diputado por Dorset y por Cornualles.

Cuando la reina Isabel I murió y el rey Jaime I subió al trono, Sir Walter Raleigh fue encarcelado de nuevo en la Torre de Londres, acusado de participar en un complot contra el rey. En 1616, sin embargo, Raleigh fue indultado y enviado a otra expedición en busca de El Dorado. A su regreso, Raleigh fue enviado por tercera y última vez a la Torre de Londres, ya que se supo que los hombres de la expedición, incluido el propio Raleigh, habían roto el tratado de paz de 1604 con España y habían saqueado un puesto español. Por ello, Raleigh fue decapitado el 29 de octubre de 1618[156].

---

[154] Haigh, C. *Elizabeth*. 2014.
[155] Raleigh, W. *The Discovery of the Large, Rich, and Beautiful Empire of Guiana*. 1595.
[156] Graham, I. *Great Britons, A Very Peculiar History*. 2012.

Capítulo 18 - La Compañía Comercial de las Indias Orientales

Al no haber conseguido ningún avance serio en América, la reina Isabel I de Inglaterra decidió cimentar el futuro éxito económico de su reino mediante una conexión con la India. El 31 de diciembre de 1600, concedió una carta real a la Compañía de Comercio de las Indias Orientales, un grupo de ricos inversores procedentes en su mayoría de Londres[157]. Muchos de los principales inversores de la Compañía ya tenían dinero familiar invertido en barcos mercantes, y creían que este nuevo proyecto daría beneficios aún mayores que esas empresas anteriores.

En una época en la que la Armada española estaba ocupada transportando toneladas de oro a casa desde el Nuevo Mundo, los mercaderes de Inglaterra necesitaban desesperadamente alguna forma de seguir el ritmo de la floreciente economía de sus rivales. Ya cautivada por la miríada de especias y aromas de la India, China y las naciones insulares del sur de Asia, la Compañía Comercial de las Indias Orientales estaba decidida a establecer una ruta comercial

---

[157] "Learning Trading Places, Timeline". *British Library.* Web.

permanente entre Inglaterra y el sur de Asia, así como a instalar fábricas comerciales en puntos ideales de esa ruta. Tendrían que navegar alrededor de Iberia y el extremo sur de África antes de cruzar al océano Índico, lo que se preveía que llevaría años.

El primer viaje de la Compañía hacia el este tuvo lugar en 1601 en el *Red Dragon*, que estaba bajo el mando de James Lancaster[158]. Otros tres barcos hicieron el viaje bajo su autoridad, siguiendo el liderazgo del *Red Dragon*.

> "...el primero de agosto llegamos a la altura de los treinta grados al sur de la línea, momento en el que nos encontramos con el viento del suroeste, para gran consuelo de toda nuestra gente. Porque, para entonces, muchos de nuestros hombres habían caído enfermos de escorbuto en todos nuestros barcos, y a menos que fuera en el barco del general solamente, los otros tres estaban tan débiles de hombres que apenas podían manejar los sayles. El viento se mantuvo fuerte hasta que llegamos a doscientas cincuenta leguas del cabo de la Buena Esperanza, y luego se volvió claramente contrario a nosotros hacia el este, y así se mantuvo unos quince o dieciséis días, para gran malestar de nuestros hombres"[159].

Pasaron casi dos años antes de que el *Red Dragon* llegara a Aceh (Sumatra), donde echó el ancla junto a uno de sus barcos compañeros. Los otros barcos anclaron en Bantam, situada en Java. Los comerciantes ingleses se encontraron allí con otros mercaderes procedentes de Arabia, Turquía, India, China y Bengala, cada uno con su propio almacén de mercancías. Lancaster y su tripulación esperaban poder comerciar fácilmente con las personas que encontraron en estas ciudades, pero les resultó bastante difícil convencer a los javaneses y a los sumatrino de que cambiaran sus especias por lana y hierro. Al fin y al cabo, su clima era muy diferente y las telas calientes no eran tan necesarias para ellos como para los

---

[158] Markham, Sir Clements Robert (editor). *Voyages of Sir James Lancaster*. 1877.
[159] Ibíd.

ingleses. Desesperado por hacerse con la pimienta que encontró en Aceh, Lancaster urdió un nuevo plan: Capturar y saquear un barco portugués abastecido que se encontraba en las cercanías.

El plan funcionó, dejando a Lancaster bastante provisto de oro, plata y tejidos indios que pudo utilizar para comprar la pimienta que quería. Al pasar a Bantam, encontró pimienta a un precio más bajo, por la que cambió las telas que había obtenido del barco portugués. Llenando cada uno de los cuatro barcos hasta el límite con pimienta, especias, drogas, seda, alfombras, porcelana, piedras preciosas, perfumes y alimentos gourmet, Lancaster calificó el viaje como un éxito y dio la vuelta para llevar las mercancías a Londres. En términos financieros, la primera expedición de la Compañía Comercial de las Indias Orientales había sido un completo triunfo. Sin embargo, en términos humanos, los miembros de la tripulación sufrieron terriblemente durante el largo y aislado viaje, y muchos de ellos murieron en el camino.

En su diario, el propio Lancaster señaló la extrema debilidad de su tripulación y de la de los demás, aunque registra cómo su propia tripulación se benefició de los frascos de zumo de limón que había llevado para evitar el escorbuto. A ellos, Lancaster les asignó tres cucharadas de zumo de limón cada mañana. Su propia tripulación, por tanto, gozaba de mejor salud que el resto cuando desembarcaron en Sumatra y Java y tuvieron que encargarse de desembarcar los cuatro barcos. Incluso los comerciantes, señala Lancaster, se vieron obligados a ayudar con las velas y otras tareas habituales a bordo cuando la enfermedad estaba en su peor momento. Una vez reunidas las tripulaciones en tierra, Lancaster hizo administrar el zumo de limón a los marineros enfermos y a las tripulaciones que no servían en el *Red Dragon*, tratando así el escorbuto rampante hasta cierto punto. Aun así, al menos una cuarta parte de la tripulación de los barcos murió[160].

---

[160] Griffin, J.P. "James Lancaster's Prevention of Scurvy". *Journal of the Royal Society of Medicine*. 2013 Apr; 106(4): 118.

Durante el medio siglo siguiente, la Compañía de Comercio de las Indias Orientales se embarcó en cientos de viajes a Oriente, obteniendo tierras en la India y construyendo centros comerciales en las ciudades de Surat, Madrás, Bombay y Calcuta. Las primeras décadas en la India estuvieron plagadas de desafíos, el más importante de los cuales fue la presencia de una Compañía Holandesa de las Indias Orientales ya establecida allí. Las tensiones crecieron tanto entre los comerciantes ingleses y holandeses —así como entre otros mercaderes europeos— que llegaron a la guerra total. La Compañía de Comercio de las Indias Orientales contrató en un principio a guardias indios para sus fábricas, pero en poco tiempo dispuso de ejércitos enteros.

En cada región en la que la Compañía tenía presencia, contaba con un Ejército de la Presidencia. Entre ellos estaban los ejércitos de la Presidencia de Bengala, Bombay y Madrás. Gracias a estos ejércitos, los comerciantes holandeses fueron finalmente expulsados de la India. También apoyaron a la Compañía como gobernante de facto de la mayor parte de la región india, lo que dio lugar a un periodo histórico conocido como Dominio de la Compañía. El inmenso éxito de la Compañía de Comercio de las Indias Orientales, que monopolizaba por completo el movimiento de mercancías indias hacia Europa, condujo finalmente a la anexión formal de la India por los británicos en 1858[161].

---

[161] Stein, Burton. *A History of India*. 2010.

Capítulo 19 - La colonia de Jamestown

El 14 de mayo de 1607, los británicos finalmente se asentaron de forma permanente en Virginia[162]. Después de que Cristóbal Colón iniciara sus expediciones al Nuevo Mundo, España llevaba claramente la delantera en la exploración de América del Norte. Gran Bretaña estaba ansiosa por establecer algo permanente en Virginia para reclamar esta nueva tierra. En aquella época, Virginia era el término utilizado para referirse a la costa oriental norteamericana que se encontraba al norte de Florida.

A diferencia de los intentos de Sir Walter Raleigh de establecer colonias en Roanoke, el emprendimiento de Jamestown fue realizado por una compañía privada. El rey Jacobo I concedió una carta a un grupo de personas que crearon la Compañía de Virginia de Londres. Esta compañía tenía muchos inversores, y el grupo planeaba encontrar oro y plata, lo que les haría ricos a ellos y a sus inversores, a la vez que cumplían con su carta al rey, que era colonizar y establecer la zona.

---

[162] Stobaugh, J.P., *American History: Observations & Assessments from Early Settlement to Today, High School Level*. 2012.

En diciembre de 1606, la Compañía de Virginia de Londres zarpó con tres barcos y unos 105 colonos, además de su tripulación de 39 personas[163]. El primero de esos barcos fue el *Susan Constant*. En él viajaban 71 colonos varones, entre los que se encontraban John Smith y Christopher Newport, este último era el capitán a cargo de los tres barcos. Este barco había sido utilizado anteriormente como barco de alquiler que transportaba carga. El segundo barco era el *Godspeed* con Bartholomew Gosnold como capitán. A bordo del *Godspeed* había 52 personas. El tercer y más pequeño barco de la expedición era el *Discovery*. Este barco tenía como capitán a John Ratcliffe y llevaba 21 personas.

El viaje desde Inglaterra duró cuatro meses y los barcos llegaron a la bahía de Chesapeake el 26 de abril de 1607[164]. Una vez allí, los tres capitanes del barco se reunieron y abrieron una caja que contenía los nombres de los hombres que iban a formar el consejo de la nueva colonia. John Smith debía formar parte del consejo, pero debido a las acusaciones que pesaban sobre él por intentar organizar un motín antes de que los barcos llegaran a su destino, el consejo no lo aceptó hasta pasadas varias semanas. Edward Wingfield fue elegido presidente del grupo.

Los nuevos colonos dedicaron algún tiempo a explorar la zona para encontrar el lugar más apropiado para construir el asentamiento. Los barcos estaban anclados en el río James, y eligieron un lugar donde había aguas profundas cerca de la orilla para que los barcos pudieran acercarse al llegar, lo que facilitaría la carga y descarga. El lugar parecía ofrecer un terreno natural que facilitaría la defensa en caso de necesidad, ya que solo estaba conectado a tierra firme por un pequeño trozo de tierra. Fue el 4 de mayo de 1607 cuando se decidió la ubicación de la nueva colonia, y el grupo llamó a su nuevo hogar

---

[163] Craven, W.F. *The Virginia Company of London.* 1993.
[164] Doherty, C. y Doherty, K., *Virginia.* 2005.

Jamestown (o James Towne o James Fort) en honor al rey Jacobo I (King James en inglés)[165].

Mientras se realizaban las tareas de descarga del cargamento y se establecía Jamestown, Christopher Newport decidió que debía llevar una expedición para ver más ríos cercanos, ya que seguía existiendo el objetivo general de encontrar un camino hacia el océano Pacífico. Mientras estaban fuera, el asentamiento fue atacado por los nativos de la zona. Los colonos utilizaron los cañones de los barcos para disparar a sus atacantes y los expulsaron con éxito.

El 22 de junio de 1607, Newport decidió que era hora de dejar a los colonos con sus asuntos y zarpó de vuelta a Inglaterra con el *Susan Constant* y el *Godspeed*[166]. Dejó el barco más pequeño, el *Discovery*, para que los colonos pudieran utilizarlo. Su informe de vuelta a Inglaterra fue que Jamestown estaba en buena forma y en camino de ser una colonia británica exitosa.

Sin embargo, había un problema. La colonia de Jamestown estaba en tierras pertenecientes a la Confederación Powhatan y a la tribu Paspahegh. Salvo el ataque inicial a los recién llegados, los colonos fueron en general aceptados por los nativos del lugar. Tuvieron la suerte de que las tribus les suministraban a menudo alimentos, que los colonos solían intercambiar por herramientas. Las relaciones entre los colonos y los habitantes originales fluctuaron, pero en 1609, ambos no estaban en buenos términos.

Los colonos no tenían los conocimientos agrícolas necesarios para mantenerse, especialmente durante el invierno. No habían trabajado lo suficiente en la preparación y el cultivo de la tierra como para cultivar suficientes alimentos, ni habían reunido suficiente comida para almacenarla durante el invierno y no pasar hambre. Tampoco habían cavado un pozo de agua limpia y seguían utilizando el agua del río, lo que contribuyó a las enfermedades que se cobraron muchos.

---

[165] Butman, J. y Targett, S., *New World: The Making of American by England's Merchant Adventurers*. 2018.
[166] Childs, D., *Invading America: The English Assault on the New World 1497 - 1630*. 2012.

John Smith y otros dos miembros del consejo destituyeron a Edward Wingfield de su cargo de presidente con la esperanza de tomar mejores decisiones para la colonia. En su lugar, John Ratcliffe fue nombrado presidente.

Newport llegó de nuevo a Jamestown en enero de 1608, y trajo suministros y algunos nuevos colonos. Esta expedición también trajo a dos hombres que sabían refinar el oro, así como a dos hombres que eran orfebres. Muchos de los colonos se dedicaron a la búsqueda de oro, por lo que, durante un año más, no se vio la cantidad de cultivos necesarios para mantener una colonia. John Smith argumentó que la colonia tenía que centrarse más en el trabajo que era esencial para mantener la colonia. John Ratcliffe, como presidente, se centró en la construcción de un edificio para el capitolio, que muchos de los colonos consideraban demasiado elaborado e innecesario. En septiembre, John Smith se hizo cargo de la colonia e inmediatamente dictó una ley para los habitantes de Jamestown. "El que no quiera trabajar no comerá (salvo que esté incapacitado por enfermedad)"[167]. Durante el siguiente invierno, nadie murió de hambre.

El 23 de mayo de 1609 se modificó la carta del rey Jacobo I para la Compañía de Virginia de Londres, y esta decidió que la colonia sería gobernada por un nuevo gobernador llamado Sir Thomas Gates. Este zarpó rápidamente de Inglaterra en junio de 1609 y llevó consigo nueve barcos llenos de suministros y nuevos colonos. Los barcos de Gates, el *Deliverance* y el *Patience*, naufragaron en un huracán, y él y las tripulaciones quedaron varados en las islas Bermudas. Los otros barcos llegaron a Virginia en agosto. Se ordenó a Smith que se retirara, ya que la nueva carta había puesto a otro gobernador en su lugar, aunque este no hubiera llegado todavía. Smith se negó a marcharse hasta que terminara su mandato, y se embarcó de vuelta a Inglaterra en septiembre. George Percy asumió el cargo de gobernador.

---

[167] Lincolnshire, A. Capt. John Smith, of Willoughby. 1884.

Fue tras la marcha de Smith cuando la Confederación Powhatan cesó en sus esfuerzos por evitar que los colonos murieran de hambre. En cambio, los atacaban cuando intentaban comerciar o cazar. Debido a que la colonia se había permitido depender tanto del apoyo de las tribus y no se había esforzado lo suficiente en su propia producción de alimentos, ahora se enfrentaron a lo que se conoció como el "Tiempo de Hambre", que tuvo lugar durante el invierno de 1609-1610. Durante este tiempo, 37 de los colonos escaparon en barco, y solo quedaron 60 colonos de los 500 que había en el otoño de 1609.

El 24 de mayo de 1610, Gates se presentó con el *Deliverance* y el *Patience* después de que las tripulaciones naufragadas hubieran reconstruido los barcos y partieran hacia Jamestown para completar su misión. Gates decidió que la colonia estaba en tan malas condiciones que debían abandonar el esfuerzo por completo. Los colonos restantes fueron cargados en los barcos y zarparon hacia Inglaterra el 7 de junio de 1610.

Mientras se dirigían, Gates y su flota se encontraron inesperadamente con una nueva flota que navegaba hacia la bahía de Chesapeake. Esta flota llevaba otros 150 nuevos colonos y muchos suministros, y una vez más, había una nueva carta que nombraba a Thomas West como gobernador. West ordenó a Gates que regresara a Jamestown, y se evitó el abandono de la colonia británica permanente allí.

Capítulo 20 - Los peregrinos del Mayflower

Los peregrinos del Mayflower (Padres Peregrinos) desempeñaron un papel importante en la colonización del Nuevo Mundo. No navegaron a América con el afán de explorar y descubrir, sino huyendo de lo que consideraban una persecución religiosa en Europa. Eran miembros de una secta dentro de la Iglesia de Inglaterra conocida como puritanos. Algunos puritanos creían que debían separarse de la Iglesia inglesa, mientras que muchos creían que la Iglesia simplemente necesitaba reformas.

Por ello, algunos de los puritanos comenzaron a celebrar sus propios servicios religiosos fuera de la Iglesia y actuaron fuera de la norma al mantener discusiones sobre la interpretación de la Biblia y permitir que sus feligreses participaran en los servicios religiosos. La Iglesia comenzó a luchar contra este ataque a su poder introduciendo reglas en 1604 que decían que cualquiera que rechazara las prácticas de la Iglesia de Inglaterra sería excomulgado y que todo el clero debía aceptar públicamente la autoridad del libro de oraciones de la Iglesia.

Los peregrinos decidieron que Inglaterra era demasiado peligrosa para ellos y que la actitud más abierta de Holanda hacia las diferencias religiosas sería mejor para ellos. Intentaron partir en 1607, pero descubrieron que no se les permitiría ir sin una licencia. Consiguieron que un barco holandés los embarcara de todos modos, pero el capitán los traicionó y los denunció a las autoridades inglesas. Fueron encarcelados, pero la mayoría fueron liberados al cabo de un mes.

En la primavera de 1608 hubo un segundo intento de abandonar Inglaterra en secreto. De nuevo, el grupo contrató un barco holandés para que los llevara a Holanda. Las autoridades inglesas llegaron mientras se cargaba el barco, por lo que el capitán zarpó solo con los que ya estaban a bordo. El resto, en su mayoría las esposas de los que ya estaban a bordo, fueron arrestadas, pero más tarde liberadas, y finalmente se dirigieron a Holanda para reunirse con sus maridos.

El grupo vivió en Holanda durante más de diez años. Al principio gozaron de cierta libertad religiosa, pero una vez que el rey Jacobo I de Inglaterra obtuvo un acuerdo de los holandeses, diciendo que él gobernaría cualquier congregación inglesa en Holanda, esa libertad les fue arrebatada una vez más. El grupo se encontró de nuevo en el punto de mira de las autoridades. El único trabajo disponible para ellos era el intenso trabajo textil, y su equipo de impresión fue destruido para evitar que imprimieran su propaganda para las reformas de la iglesia.

La única opción para una verdadera libertad religiosa parecía ser el Nuevo Mundo. Debatieron si la Guayana o Virginia sería lo mejor y determinaron que Virginia era la más adecuada, ya que era menos calurosa y menos susceptible de ser tomada por los españoles. Decidieron que vivirían dentro de la colonia de Virginia, pero se mantendrían como un grupo separado.

Así, los peregrinos llegaron a un acuerdo con la Compañía de Virginia. Les ofrecieron construir una colonia en Virginia en la desembocadura del río Hudson y enviar suministros a Inglaterra a cambio de su viaje al Nuevo Mundo. Contrataron dos barcos para este emprendimiento, el *Mayflower* y el *Speedwell*. Salieron de Holanda para viajar a Southampton, Inglaterra, que era de donde partirían.

Había un total de 102 pasajeros a bordo del *Mayflower*, y este número estaba compuesto por cincuenta hombres, diecinueve mujeres, catorce adolescentes y diecinueve niños[168].

El *Mayflower* pretendía acompañar al *Speedwell*, que transportaba peregrinos desde los Países Bajos, pero el barco holandés, más pequeño, tuvo problemas en mar abierto. Tras dos rápidos regresos a la costa, el *Speedwell* fue abandonado y muchos de los peregrinos holandeses subieron a bordo del *Mayflower*, llevando consigo las provisiones del barco innavegable para el viaje. Una vez realizados estos ajustes, el barco más grande partió finalmente de Southampton, Inglaterra, un día después de lo previsto, el 16 de agosto de 1620[169]. Es difícil saber con exactitud cuántos pasajeros se añadieron al *Mayflower*. Su destino final era Virginia, pero las tormentas hicieron imposible llegar a ese lugar. En su lugar, el barco desembarcó en Cabo Cod, en la costa este de Norteamérica, el 21 de noviembre de ese mismo año[170].

Cuando los peregrinos desembarcaron, se encargaron de crear un acuerdo formal que regiría su comportamiento en la nueva tierra. Este acuerdo fue el Pacto de Mayflower, que fue firmado por 41 hombres que habían emprendido el viaje[171]. No se pidió a las mujeres colonas que firmaran, pero se esperaba que cumplieran con el documento,

---

[168] Scott Deetz, Patricia; y James F. Deetz. "Passengers on the Mayflower: Ages & Occupations, Origins & Connections". *The Plymouth Colony Archive Project*. 2000.
[169] Gavin, Christopher. "Plans for the 400th anniversary of the Mayflower have been announced. Here's what's happening". 18 March 2009.
[170] Gavin, Christopher. "Plans for the 400th anniversary of the Mayflower have been announced. Here's what's happening". 18 March 2009.
[171] Ibíd.

que establecía que los colonos votarían sobre sus asuntos comunes, crearían una ley constitucional y promulgarían un órgano de gobierno que legislaría según la mayoría. Todos debían estar de acuerdo antes de que el grupo desembarcara del barco y tocara tierra.

El breve contrato era así:

> En el nombre de Dios, Amén. Nosotros, cuyos nombres están subrayados, los leales súbditos de nuestro temible y soberano rey Jacobo, por la gracia de Dios, de Gran Bretaña, Francia e Irlanda, Rey, Defensor de la Fe, etc.
>
> Habiendo emprendido, para la gloria de Dios, el avance de la fe cristiana y el honor de nuestro rey y de nuestro país, un viaje para plantar la primera colonia en las partes norteñas de Virginia, por medio de estos presentes, solemne y mutuamente, en presencia de Dios y de los demás, pactamos y nos unimos en un cuerpo político civil, para nuestro mejor ordenamiento y preservación, y la promoción de los fines antes mencionados; y en virtud del mismo, promulgar, constituir y enmarcar las leyes, ordenanzas, actas, constituciones y oficinas justas e iguales de vez en cuando, que se consideren más adecuadas y convenientes para el bien general de la colonia: a los que prometemos toda la sumisión y obediencia debidas. En testimonio de lo cual hemos suscrito nuestros nombres; Cape Cod, el 11 de noviembre, en el año del reinado de nuestro soberano señor el Rey Jacobo, de Inglaterra, Francia e Irlanda dieciocho y de Escocia cincuenta y cuatro, Anno Domini 1620[172].

Desembarcaron por primera vez en lo que sería Provincetown, Massachusetts. Algunos de los que iban a bordo realizaron algunas expediciones, en las que se encontraron con pueblos indígenas con los que no se relacionaron bien. Decidieron que sería mejor trasladarse a otro lugar para establecerse y navegaron más lejos, hasta el puerto de Plymouth.

---

[172] Bradford, William; y Edward Winslow. MOURT'S RELATION. 1622.

Como los colonos llegaron en invierno y no estaban familiarizados con la severidad de esta estación en el Nuevo Mundo, no estaban lo suficientemente preparados para sobrevivir a un invierno completo. En enero se pusieron a construir algunos refugios, pero no había suficientes suministros para construir viviendas para todos, por lo que muchos vivieron a bordo del barco durante el invierno. Alrededor de la mitad de los peregrinos murieron de frío y posiblemente de escorbuto.

Lo que quedaba de los peregrinos bajó del barco en la primavera y se dedicó a establecer una colonia, mientras el barco navegaba de vuelta a Inglaterra. La comida era un gran problema para ellos y, sin la ayuda de los indígenas, habrían muerto de hambre. La desnutrición fue uno de los mayores problemas a los que tuvieron que enfrentarse durante el invierno. Los wampanoags ayudaron a los colonos enseñándoles a cazar, a recoger marisco comestible y a cultivar maíz y judías.

La colonia de Plymouth Rock fue la segunda colonia permanente de Norteamérica.

Capítulo 21 - La Compañía Holandesa de las Indias Orientales

La Compañía Holandesa de las Indias Orientales (Vereenigde Oostindische Compagnie) comenzó en 1602[173]. Los holandeses querían entrar en el comercio de especias por sí mismos al no poder obtener suficientes especias de los portugueses a finales del siglo XVI. Debido a la gran demanda, los precios aumentaron para los holandeses, lo que causó más problemas. Los holandeses estaban en guerra con España, por lo que cuando los portugueses y los españoles crearon una unión, los holandeses se mostraron más decididos a obtener sus propias especias en lugar de comprarlas a Portugal o a España.

A finales del siglo XVI, los holandeses enviaron sus propios barcos para comerciar. En 1599, Jacob van Neck y su flota fueron los primeros comerciantes holandeses en llegar a las islas de las Especias (Molucas)[174]. Aunque los portugueses llevaban viajando a las islas de

---

[173] Moore, C. New Guinea: Crossing Boundaries and History. 2003.
[174] Ricklefs, M.C. *A History of Modern Indonesia Since c1200.* 2008.

las Especias desde 1512, había espacio para ampliar el mercado, y la empresa holandesa se beneficiaría enormemente.

La República Holandesa apoyó la creación de una compañía llamada United East Indies Company, que más tarde se convertiría en la Compañía Holandesa de las Indias Orientales. El objetivo de esta compañía era controlar los beneficios que obtenían en el comercio de especias y crear un monopolio para ellos. A esta compañía se le otorgaron poderes expansivos que le permitían hacer tratados, construir fuertes e incluso emplear soldados para sus propios fines.

La Compañía Holandesa de las Indias Orientales construyó el primer puesto comercial holandés en 1603 en Java Occidental, Indonesia[175]. Luego siguieron construyendo más puestos y establecieron su puesto principal en Ambon (Fuerte Victoria) y nombraron a Pieter Both como gobernador general de las Indias Orientales Holandesas en 1610[176]. Both había navegado por primera vez a Indonesia en 1599 con cuatro barcos, y fue gobernador general hasta 1614. Durante su mandato, hizo tratos comerciales con los habitantes de las Molucas y tomó el control de Timor, en el lado occidental de la isla. También atacó a los españoles en la isla y los expulsó de Tidore.

Los ingleses también habían creado una compañía con el fin de monopolizar el comercio de especias, y se convirtieron en la mayor competencia de la Compañía Holandesa de las Indias Orientales hasta que ambas unieron sus fuerzas entre 1620 y 1623. Sin embargo, a principios de 1623, el gobernador holandés de Ambon, Herman van Speult, llegó a creer que los ingleses trabajaban en su contra y que conspiraban con mercenarios y comerciantes portugueses para matarlo[177]. Pensó que iban a poner en marcha este plan en cuanto apareciera el siguiente barco procedente de Inglaterra para tener algún apoyo.

---

[175] Braginsky, V. *Classical Civilizations of South-East Asia*. 2014.
[176] Crawfurd, J. *A Descriptive Dictionary of the Indian Islands and Adjacent Countries*. 1856.
[177] Fritze, R., Robison, W., *Historical Dictionary of Stuart England*. 1996.

Van Speult hizo detener y torturar a los ingleses sospechosos, que admitieron el complot y fueron condenados a muerte. Algunos fueron finalmente indultados, pero el 9 de marzo de 1623, diez ingleses fueron decapitados[178]. También fueron ejecutados un portugués y nueve mercenarios japoneses. Este incidente fue bautizado por los ingleses como la Masacre de Amboyna, y supuso el fin de los esfuerzos de cooperación de holandeses e ingleses en Indonesia. Los holandeses tomaron la delantera en lo que respecta al comercio, y colonizaron las islas de Indonesia y construyeron plantaciones para cosechar las especias que exportarían.

La Compañía Holandesa de las Indias Orientales continuó expandiéndose activamente y construyendo puestos comerciales a lo largo de los años. Establecieron un puesto comercial holandés en el cabo de Buena Esperanza, en África, desde el que podían vender suministros a los barcos que se dirigían a Asia. Luego se expandieron hasta Persia, Malabar y Bengala, y en 1669 eran la compañía más rica del planeta[179]. Poseían más de 150 barcos, así como 40 buques de guerra, y tenían su propio ejército.

---

[178] Bown, S. *Merchant Kings: When Companies Ruled the World.* 2009.
[179] Hebert, B. *Small World, Big Market: Global Business.* 2014.

Capítulo 22 - Navegación y cartografía

Los primeros mapas que se hicieron eran dibujos que mostraban las líneas costeras, las masas de agua y la topografía, que se registraban en dos dimensiones. Durante la Era de los Descubrimientos, los mapas del Viejo y del Nuevo Mundo se desarrollaron de forma exponencial. Juan de la Cosa, el cartógrafo que acompañó a Cristóbal Colón en su primer y segundo viaje, creó los primeros mapas conocidos de Sudamérica y Norteamérica. En 1569, un geógrafo y cartógrafo belga llamado Gerardus Mercator elaboró un mapamundi que utilizaba líneas rectas[180]. Estas líneas se proyectaban y tenían en cuenta la redondez de la Tierra, lo que permitió a los navegantes trazar su rumbo sin la distorsión que tenía un mapa basado en un planeta plano.

Los portugueses desarrollaron sus propias técnicas de navegación, empezando por el príncipe Enrique el Navegante en 1416[181]. Incorporaron la navegación celestial a sus métodos, utilizando el sol y las estrellas para ayudarles a definir los cuadrantes y las latitudes que necesitaban para fijar su rumbo. Antes de la navegación celestial,

---

[180] Heinrichs, A., *Gerardus Mercator: Father of Modern Mapmaking*. 2007.
[181] Russell, P., *Prince Henry 'the Navigator': A Life*. 2001.

predominaba la navegación a estima. Este método utilizaba una medida de la velocidad del barco junto con las lecturas de la brújula para calcular su posición. Lo que les faltaba a estos primeros métodos era una forma de determinar la longitud. No fue hasta el año 1500 que un astrónomo propuso una forma de calcular la longitud utilizando el tiempo como parte de la fórmula[182].

Los constructores navales de esta época también mejoraron enormemente el diseño de los barcos. Los barcos tipo barcaza con una sola vela cuadrada se hicieron más aerodinámicos y tenían cascos más fuertes y capaces de soportar las aguas más bravas del Atlántico. Estos barcos tenían varios mástiles y más velas, lo que los hacía más fáciles de gobernar.

Durante la Era de los Descubrimientos, los exploradores se dieron cuenta de que había vientos que afectaban a los viajes por el océano. Descubrieron que había patrones en estos vientos y que las rutas de navegación se veían afectadas por ellos. Cristóbal Colón descubrió los vientos alisios y los exploradores portugueses descubrieron el Giro del Atlántico Norte, una corriente oceánica circular que afecta a la navegación. Los conocimientos adquiridos sobre los patrones meteorológicos y los vientos ampliaron en gran medida la comprensión del mundo sobre el funcionamiento de la Tierra.

Otra nueva tecnología de gran impacto en la época fue la brújula magnética. Este dispositivo ya se había inventado varios cientos de años antes de la Era de los Descubrimientos, pero dados los viajes relativamente cortos que emprendían los marineros durante esos siglos, así como la capacidad de los navegantes para trazar los rumbos con las estrellas, el sol y la luna, las brújulas apenas estaban de moda. Además, era habitual que los barcos volvieran a su punto de origen si las nubes oscurecían el cielo tan completamente que no se podía realizar la astronavegación. Todo esto cambió cuando los capitanes de los barcos empezaron a navegar por océanos enteros y alrededor de toda África.

---

[182] Kish, G. *A Source Book in Geography*. 1978.

Esta pequeña herramienta fue reportada por primera vez en Europa ya en el siglo XII por un pasajero de un barco llamado Alexander Neckam mientras cruzaba el canal de la Mancha:

> "Los marineros, además, al navegar por el mar, cuando en las nubes ya no pueden aprovechar la luz del sol, o cuando el mundo está envuelto en la oscuridad de las sombras de la noche, y no saben hacia qué punto de la brújula se dirige el rumbo de su barco, tocan el imán con una aguja, la cual [la aguja] gira en círculo hasta que, cuando cesa su movimiento, su punta mira directamente al norte"[183].

Por lo tanto, en épocas de mal tiempo, se podía confiar en la brújula para revelar la posición de la estrella polar, que era un objetivo primordial para los navegantes medievales. A bordo se utilizaban otros instrumentos, como el astrolabio y el báculo, pero eran difíciles de utilizar y de confiar en ellos debido al movimiento de las olas y a una mano inestable. Otro instrumento habitual era el cuadrante, que se utilizaba con una plomada para medir el grado de la estrella polar o del sol a partir de posiciones anteriores en el cielo. También se podía determinar la altura de las montañas o colinas desde la distancia utilizando este dispositivo.

Los diarios de los capitanes eran una parte increíblemente importante de la navegación, ya que en ellos se relataban todos los acontecimientos que tenían lugar desde el punto de origen hasta el regreso a casa. Gracias a estos diarios detallados de los exploradores de toda Europa, hoy podemos reconstruir lo que realmente ocurrió durante la Era de los Descubrimientos. Los diarios, así como las cartas personales de Cristóbal Colón, Américo Vespucio y sus homólogos, son los documentos en los que se basan los historiadores para recrear todos aquellos viajes y descubrimientos que tuvieron lugar hace tanto tiempo.

---

[183] T. Wright, (ed.) 'Preface,' *Alexandri Neckam De naturis rerum libri duo with the poem of the same author, De laudibus divinae sapientiae.* 1893.

Capítulo 23 - Alimentación, agricultura y ganadería

La familia media europea de los inicios de la Era de los Descubrimientos subsistía con una dieta rica en granos y cereales. Los italianos elaboraban pasta de harina de arroz y polenta de cebada y, siempre que era posible, las acompañaban de embutidos y queso. El aceite de oliva era la grasa más utilizada para conservar la carne y el pescado o para freír las verduras. Para la mayoría de los europeos, los huevos se utilizaban habitualmente para las frittatas y las tortillas, mientras que la carne era uno de los manjares favoritos —aunque menos común.

Antes de que se establecieran rutas comerciales regulares entre Europa y el Nuevo Mundo, la mayoría de las comidas europeas consistían en panes de centeno de grano, quesos caseros sencillos y, siempre que era posible, carne de vaca, cerdo, cordero, ternera o pescado hervidos o asados. El vino y el aguamiel acompañaban la comida, y algunas frutas de hueso, bayas y hierbas autóctonas rellenaban los huecos. Para mantener los alimentos comestibles durante el mayor tiempo posible, se utilizaban técnicas básicas como el secado, la salazón, el ahumado y el encurtido.

El trigo se utilizaba para hacer pan para las clases altas, mientras que la avena, la cebada y el centeno alimentaban a las clases bajas y a los animales. También se cultivaban guisantes, judías y arroz en algunas partes de Europa. La carne también se comía, pero generalmente por la gente más rica. Los campesinos apenas comían carne, pero los huevos y los productos lácteos formaban parte de su dieta. Los numerosos tipos de ganado se mantenían más por su ayuda en el trabajo de la tierra que por la carne.

En Londres y otras ciudades portuarias internacionales de Europa, la gente tenía acceso a productos alimenticios de todo el continente, así como de Oriente Próximo. El vino era elaborado y exportado por Francia e Italia, mientras que el azafrán, el jengibre, la canela y otras especias otomanas y bizantinas llegaban al oeste a través de las rutas comerciales establecidas. La gente de las clases altas y medias utilizaba muchos de estos ingredientes para ayudar a conservar y dar sabor a una variedad de platos. El azúcar de caña se importaba de la India, mientras que las patatas, los tomates, los pimientos picantes, la calabaza, el maíz y otros ingredientes estaban todavía a un océano de distancia.

Fue en 1537 cuando los conquistadores españoles comieron por primera vez patatas, que eran un alimento básico en Sudamérica[184]. Estos exploradores llevaron algunas de las plantas a sus barcos e introdujeron los nutritivos tubérculos en Europa durante la década de 1550[185]. Sin embargo, esta hortaliza exótica tardó mucho tiempo en ser aceptada, sobre todo porque no sabían cómo cocinarla.

En Inglaterra, en 1586, surgió el rumor que su navegante favorito, Walter Raleigh, le obsequió patatas a la reina Isabel I[186]. Para celebrar el nuevo y recomendable alimento, le dio las patatas a su cocinero y planeó un festín. El cocinero, desconcertado, desechó rápidamente los regordetes tubérculos y sirvió las hojas de la planta, lo que no

---

[184] Civitello, Linda. *Cuisine and Culture: A History of Food and People.* 2007.
[185] Ibíd.
[186] Ibíd.

contribuyó a que la patata se hiciera querer por los comensales. Francis Drake tuvo más suerte al introducir la batata en la corte real, que presentó con cuidadosas instrucciones[187].

El tomate fue aún menos aceptado en Europa, quizá por el simple error que cometieron los aristócratas al servir la nueva fruta en platos de peltre. Como el tomate es un alimento especialmente ácido, sus jugos comían la superficie de los platos y sacaban el plomo venenoso del metal. Al no entender el problema, ya que otras comidas en platos de peltre se comían perfectamente, el tomate parecía el culpable obvio. Para muchos jardineros del siglo XVI, los tomates se cultivaban como un elemento de belleza exótica e interés botánico, pero ciertamente no eran para cosechar y consumir. Su parecido con la planta venenosa de las solanáceas tampoco era bueno para su reputación. A este ingrediente le fue mejor en Italia, donde mejoró platos clásicos como la lasaña, que antes se hacía solo con pasta y queso en capas.

A lo largo de la Era de los Descubrimientos, las expediciones de exploración continuaron introduciendo nuevos alimentos en el Viejo Mundo. Por ejemplo, la calabaza, los tomates, los pimientos y los cacahuetes procedían del Nuevo Mundo. Las frutas, como las piñas, las papayas y los plátanos, eran desconocidas para los europeos antes de entrar en contacto con las Américas. Estos nuevos alimentos no solo sirvieron para alimentar a las tripulaciones que, tras largas travesías, sufrían desnutrición, escorbuto o inanición, sino que también llegaron para alimentar a los europeos. Algunos pudieron ser cultivados en Europa, y los que no, se convirtieron en mercancías en el comercio.

Sin embargo, la actitud hacia algunos de los nuevos alimentos no siempre fue de aceptación. Muchos de los alimentos traídos a Europa eran despreciados y considerados poco atractivos. Esto afectó más a los colonos de las colonias, que tenían que depender de los alimentos

---

[187] Hill, Janet McKenzie. "The Boston Cooking School Magazine of Culinary Science and Domestic Economics, Volume 14". 1910.

locales más que sus compatriotas en Europa. Algunos productos, como el cacao (chocolate), ganaron una increíble popularidad y se convirtieron en productos comerciales de alto precio.

Tras establecerse por completo, y después de crear la agricultura industrial moderna, los cultivos de patatas empezaron a alimentar rápidamente a las poblaciones que se multiplicaban en Europa y permitieron a las naciones bien alimentadas ascender al poder en el siglo XVIII[188]. Otro alimento que se convirtió en un éxito agrícola una vez traído a Europa fue el maíz, que cultivaban los mayas y otros pueblos indígenas. Cristóbal Colón y otros exploradores lo llevaron a Europa y, al igual que las patatas, acabó convirtiéndose en un cultivo agrícola que podía alimentar tanto a las personas como al ganado.

Los exploradores, y posteriormente los colonos, trajeron también muchos alimentos a América. Trajeron y cultivaron en el Nuevo Mundo el importantísimo trigo, así como otros cultivos de cereales. Los europeos también trajeron ganado, como vacas, cerdos, caballos, burros, cabras, perros y gallinas. Muchos de estos animales estaban destinados originalmente al trabajo agrícola, ya que la carne se consideraba cara y, por tanto, estaba destinada al consumo de las clases altas. Sin embargo, al asentarse en el Nuevo Mundo, los europeos encontraron vastas tierras de pastoreo que podían alimentar fácilmente a sus animales, y los propios animales pronto se convirtieron en "cultivos" para el consumo de los humanos.

Sin embargo, la tierra que servía de sustento a estos animales no siempre podía mantener tanto a los nativos como a los nuevos. Así que los colonos empezaron a tomar más y más tierra para apoyar su agricultura y producción animal. Los animales como los cerdos que los europeos trajeron a las Américas forrajearon en la nueva tierra y tomaron lo que las especies nativas como los ciervos comían. Esto llevó a la muerte de muchos animales nativos, lo que, a su vez, afectó a los pueblos indígenas que dependían de esos animales nativos para

---

[188] Mann, C. *How the Potato Changed the World*, Smithsonian Magazine. Noviembre 2011.

su propia alimentación. Así, el equilibrio de la tierra cambió para siempre.

Los europeos trataban la tierra como lo hacían en su país y gustaban de seccionarla para uso privado. Esto era muy diferente del uso comunal de la tierra que empleaban los pueblos nativos. Cuando los colonos pusieron vallas y araron los campos en las praderas, cambiaron el movimiento natural de los animales y la forma en que los pueblos nativos accedían a los recursos de la tierra. De repente, los lugares donde cazaban, recogían agua o cultivaban fueron reclamados y cercados por los colonos.

La introducción del caballo domesticado en los pueblos indígenas del Nuevo Mundo también tuvo un gran impacto. Una vez que vieron que el caballo podía utilizarse para viajar más lejos de lo habitual para cazar y recolectar alimentos, pronto fue adoptado por los pueblos nativos. También cambió la forma de luchar de los pueblos indígenas, ya que los caballos podían utilizarse para que sus guerreros fueran mucho más rápidos y poderosos.

En general, la introducción de nuevos cultivos y nuevos animales en el Nuevo Mundo afectó a todo el ecosistema de la tierra y, en última instancia, los entornos locales cambiaron enormemente. Aunque el aumento de las cosechas tuvo un efecto enormemente positivo en la población humana de Europa, el coste humano en América fue inmenso. Las fuentes de alimento autóctonas se agotaron rápidamente y las enfermedades procedentes de Europa proliferaron. Los cambios derivados de las acciones de los exploradores y colonos dejaron huellas permanentes en la nueva tierra y en sus habitantes originales.

Capítulo 24 - Enfermedad, esclavitud y religión

Uno de los peores resultados de la Era de los Descubrimientos fue la enorme pérdida de vidas de los pueblos nativos del Nuevo Mundo. Los pueblos indígenas no eran inmunes a la viruela, el cólera, el sarampión y otras enfermedades que les llevaron los exploradores en la Era de los Descubrimientos. Esas enfermedades eran comunes en Europa y, en sus ciudades densamente pobladas, se propagaban con facilidad. Por ello, crearon cierta inmunidad contra ellas. Sin embargo, los pueblos nativos de América del Sur y del Norte no se habían enfrentado antes a estas enfermedades y virus, por lo que cuando enfermaban, sus cuerpos se veían más afectados.

Entre el 70% y el 90% de la población indígena fue eliminada durante este periodo de la historia[189]. Sin embargo, no todos murieron a causa de las enfermedades europeas. Los conquistadores y exploradores que buscaban oro y metales en el Nuevo Mundo a menudo consideraron oportuno esclavizar a los habitantes nativos en sus esfuerzos por cosechar estos tesoros. Muchos murieron realizando trabajos forzados para los europeos, mientras trabajaban en

---

[189] Jimenez, R.C. y Graeber, R.B. *The Aztec Calendar Handbook*. 2006.

la extracción de los recursos de sus propias tierras para llevarlos de vuelta al Viejo Mundo.

El propio comercio de esclavos floreció gracias a la Era de los Descubrimientos. Los portugueses capturaron por primera vez esclavos a lo largo de la costa africana mientras exploraban el litoral de la zona ya en 1441[190]. Estos esclavos eran transportados de vuelta a Portugal para trabajar, y algunos incluso serían utilizados como mano de obra a bordo de las expediciones marítimas al Nuevo Mundo.

Ya en 1503, los españoles llevaban esclavos al otro lado del océano y, en 1518, los llevaban directamente de África a América[191]. A medida que se colonizaban y asentaban nuevas tierras, la necesidad de mano de obra para la agricultura, la minería y la recolección de productos básicos del Nuevo Mundo era esencial para mantener sus operaciones y nuevas exploraciones. En lugar de mano de obra pagada, la mano de obra gratuita de los esclavos secuestrados en África y en otros lugares descubiertos por los exploradores constituía la mayor parte de esta mano de obra. Cuanto más se asentaban las colonias, más mano de obra se necesitaba y, por tanto, el comercio de esclavos crecía. Portugal y Gran Bretaña fueron los dos principales actores en el transporte de esclavos a nuevos destinos. La riqueza creada a partir del Nuevo Mundo utilizando mano de obra gratuita amasó grandes fortunas para quienes buscaban obtener un beneficio, aunque a un gran coste de vidas humanas.

La religión también fue una parte importante de la Era de los Descubrimientos, solo porque estaba muy entrelazada con los gobernantes europeos. Separar la religión de las leyes o de las opciones personales no se hacía en aquella época, y desobedecer las enseñanzas de la iglesia era también una afrenta al monarca. Estar en desacuerdo o practicar religiones no autorizadas podía suponer la tortura, el encarcelamiento o la muerte.

---

[190] Rodriguez, J.P. *The Historical Encyclopedia of World Slavery.* 1997.
[191] Blake, W.O. *The History of Slavery and the Slave Trade.* 1969.

Cuando los monarcas europeos autorizaron las expediciones de descubrimiento, los encargados de las misiones debían convertir a los pueblos que encontraran. En esencia, estaban reclamando la nueva tierra para Dios, así como para su rey, y creían, por tanto, que los habitantes de esa tierra debían rendir el mismo culto que ellos.

Los conquistadores españoles fueron especialmente enérgicos a la hora de difundir su religión católica romana en las nuevas tierras que reclamaban. Mientras extraían toda la riqueza que podían de cada nuevo lugar, imponían su religión a los habitantes originales. Este dominio católico fue tan fuerte que las zonas colonizadas por España son mayoritariamente católicas hasta el día de hoy.

La Iglesia de Inglaterra, que es una rama del cristianismo protestante (anglicana), tenía el control religioso de las primeras colonias de Virginia. Dentro de ese grupo, había disidentes religiosos, como los peregrinos. Sin embargo, a medida que aumentaba la diversidad de los colonos en esa parte del Nuevo Mundo, acabó desarrollándose una gama más amplia de religiones en lo que un día se convertiría en Estados Unidos. Algunos incluso se encontraron con que eran perseguidos religiosamente por los puritanos, que a su vez habían llegado al Nuevo Mundo para escapar precisamente de eso. En el siglo XVII, había bautistas, congregacionalistas, cuáqueros y presbiterianos en las colonias inglesas, mientras que el catolicismo predominaba en las colonias españolas y francesas.

Las creencias y prácticas religiosas de los pueblos nativos que ya existían en los lugares que fueron colonizados no fueron consideradas aceptables por los recién llegados. Se pensó que eran muy inferiores a las religiones europeas y fueron completamente invadidas por la creencia de los colonos de que su propia religión debía ser difundida entre los nativos. Debido a ello, se perdieron muchas tradiciones y muchos conocimientos de las religiones nativas.

A medida que las colonias crecían y los europeos tomaban cada vez más el control del Nuevo Mundo, crearon leyes y normas en sus gobiernos que se basaban en sus creencias religiosas, haciendo ilegal y criminal cualquier otra forma de vida. Los inmensos continentes al oeste de Europa cambiaron para siempre una vez que la colonización se afianzó, al igual que las vidas de todos los habitantes de ambos lados del océano Atlántico.

Epílogo

Es insuficiente decir que la Era de los Descubrimientos cambió el mundo. La inmensidad de la tierra no tenía precedentes para nadie que viviera en la relativamente pequeña Europa, lo que significaba que el número de amigos, enemigos y socios comerciales potenciales podía explotar tras un solo viaje al extranjero. En primer lugar, el cambio más evidente fue el mapa y la geografía conocida del mundo. El conocimiento general comenzó a aceptar que el mundo era más grande de lo imaginado y que probablemente no era plano, lo que significaba que viajar más allá de ciertos puntos no significaba una muerte segura. Los exploradores se aventuraron cada vez más lejos y trazaron más y más vías terrestres y fluviales que se convertirían en destinos importantes y rutas muy transitadas. Como resultado, el arte de la navegación creció a pasos agigantados durante esta época.

Y lo que es más importante, los europeos disponían de los conocimientos específicos necesarios para explotar rápidamente a sus nuevos vecinos para que les proporcionaran mano de obra, oro y tierras gratis. Las economías de los países y monarquías que se apoderaron de las tierras y las rutas comerciales cambiaron para mejor, especialmente España, Portugal, Inglaterra y Francia. Buscaron y encontraron lugares con oro, metales, especias y alimentos que se convirtieron en productos básicos y comerciales tanto en el mercado mundial como en sus propios mercados nacionales. Las plantaciones españolas de caña de azúcar de La Española tuvieron un gran auge, convirtiéndose en la principal fuente de azúcar para todos los europeos. El Imperio español, unido por Fernando e Isabel, se convirtió en una comunidad más unida, basada en su creencia compartida en el catolicismo y en la posición de España como portadora de Cristo, como llegó a llamarse Colón.

Sin embargo, muchos murieron en la búsqueda del descubrimiento. Millones de marineros murieron de escorbuto o de hambre cuando estaban lejos de casa en tierras extranjeras. Otros se perdieron en el mar o murieron en guerras por las rutas comerciales o las nuevas fronteras. Un gran número de pueblos indígenas murieron también a causa de las nuevas enfermedades, la guerra y la esclavitud, y los animales nativos murieron por falta de alimentos, ya que los recién llegados se sirvieron de los recursos naturales de los que dependían.

Los monopolios sobre el comercio y los productos básicos se afianzaron durante esta época de la historia, ya que se formaron compañías específicamente para organizar y dirigir monopolios sobre el comercio de especias y productos del Nuevo Mundo. Las inmensas fortunas obtenidas por esas compañías, y por los países que lucharon y ganaron el acceso al comercio, ayudaron a construir sociedades europeas que florecieron gracias al saqueo de estas nuevas tierras y de la gente que las habitaba.

Por ejemplo, el comercio de esclavos, que secuestraba personas de África y las transportaba al Nuevo Mundo como medio para obtener mano de obra gratuita, se disparó durante la Era de los Descubrimientos para satisfacer la intensa necesidad de trabajadores de los colonos. Los europeos, que trabajaban bajo las estrictas creencias y leyes de sus respectivas iglesias cristianas, creían que el tráfico de personas era un juego limpio, ya que las personas que esclavizaban eran catalogadas como paganas.

Dicho esto, las semillas de la libertad religiosa empezaron a arraigar en las colonias americanas cerca del final de la era, ya que los colonos buscaban menos restricciones en su vida espiritual. Los peregrinos del Mayflower son un ejemplo destacado de ese movimiento, pero no fueron por mucho los únicos. Todavía estaban por llegar los alemanes de Pensilvania, los deístas, los mormones, los bautistas, los metodistas y numerosas formas de cristianismo protestante.

Puede que la Era de los Descubrimientos haya dado los primeros pasos reales hacia la globalización, pero no lo hizo sin un gran precio. Desde una perspectiva puramente humana, fueron los europeos quienes se beneficiaron claramente del descubrimiento de todo un nuevo mundo de recursos. Sus arcas reales se llenaron de oro, y los barcos de sus mercaderes se llenaron de azúcar y tabaco, mientras que grupos de personas como los taínos, por desgracia, fueron prácticamente borrados de la faz de la tierra.

Vea más libros escritos por Captivating History

www.ingramcontent.com/pod-product-compliance
Lightning Source LLC
LaVergne TN
LVHW041643060526
838200LV00040B/1688